[illegible]CATION SOMMAIRE

[illegible]

[illegible] DES COMMUNES

[illegible]

[illegible] PRÉVENTIVE

[illegible]

[illegible] Benoid

[illegible] (Allier)

[illegible]

[illegible]

INDICATION SOMMAIRE

DES

OPÉRATIONS PRATIQUES

DES MAIRES ET ADJOINTS DES COMMUNES,

CONSIDÉRÉS

COMME OFFICIERS PUBLICS DE POLICE PRÉVENTIVE,

DE JUSTICE CRIMINELLE,

ET DE JURIDICTION DE SIMPLE POLICE.

INDICATION SOMMAIRE

DES

OPÉRATIONS PRATIQUES

DES MAIRES ET ADJOINTS DES COMMUNES,

CONSIDÉRÉS

COMME OFFICIERS PUBLICS DE POLICE PRÉVENTIVE,

DE JUSTICE CRIMINELLE,

ET DE JURIDICTION DE SIMPLE POLICE;

Par J. Benoid,

Substitut du Procureur du Roi à Gannat (Allier).

> *L'Administrateur* doit prévenir les infractions aux lois criminelles et de police, en déployant des mesures sages et sévères, en exerçant une vigilance active et paternelle.
> *L'Officier de police* constate l'existence des infractions que les mesures administratives n'ont pu prévenir.
> *Le Juge* est chargé de les réprimer avec promptitude et impartialité.
>
> (LEGRAVEREND, *Lég. crim.*)

RIOM,

IMPRIMERIE DE E. LEBOYER, LIBRAIRE,
Rue du Commerce, nº 6.

1841.

AVANT-PROPOS.

Ce n'est pas en vue des officiers ordinaires de justice que nous avons conçu la pensée de ce travail sommaire sur le droit criminel, et sur les obligations des officiers de police administrative ou préventive. Une prévoyance fondée nous fait porter notre sollicitude sur des officiers judiciaires moins expérimentés; car dans la pratique, leur action première et immédiate, bien ou mal dirigée, peut avoir la plus grande influence sur les résultats de l'instruction des crimes et délits les plus graves commis dans l'étendue de leur juridiction, si leur vigilance n'a pu en prévenir l'action criminelle.

Les officiers judiciaires criminels qui nous occupent n'étant pas généralement légistes, et dès lors habitués à la controverse du droit, se livrent avec peine à l'examen d'un traité théorique de lois longuement commentées et débattues par l'opinion des auteurs et par les monuments de la jurisprudence.

Nous ne connaissons pas, et nous pouvons avancer qu'il n'existe pas, en matière de procédure criminelle, de traité assez succinctement formulé pour éviter le grave inconvénient que nous signalons, et que les règles de l'instruction éparses dans les articles du Code criminel sont impuissantes à faire cesser.

Il n'est pas moins constant qu'en toute chose, il arrive souvent, pour les mesures les plus simples à prendre, que des difficultés se présentent à l'esprit même le plus ouvert, si l'homme sort de la route ordinaire de ses pensées et de ses habitudes; cependant, l'hésitation peut avoir des conséquences funestes, et la perte du temps, en matière d'instruction criminelle, est toujours à regretter; donc, il faut reconnaître que dans beaucoup de cas, et alors surtout qu'il faut agir avec promptitude et prudence, l'indication des règles pratiques de l'instruction doit avoir un but réel d'utilité publique.

Nous voulons arriver à ce résultat, et dans notre essai, pour en faciliter les moyens et pour combler une lacune qui existe, à notre avis, dans une matière importante, nous avons constamment pris pour guide l'esprit, le texte de la loi et des instructions.

Sans nul doute, les maires et adjoints des communes sont des auxiliaires très-importants et nombreux pour le ministère public; ainsi, à côté des règles de l'instruction criminelle, nos développements devront établir le vrai caractère conféré par la loi à cette magistrature, et constater l'importance des devoirs et des obligations de l'officier auxiliaire du procureur du roi dans l'exercice de ses fonctions.

Comme officiers de police judiciaire, les maires et adjoints ont une puissance d'action sur les libertés sociales. Or, c'est chose utile, il nous semble, que le citoyen investi de tels pouvoirs, et encore d'une magistrature administrative et judiciaire dans certains cas, et qui, par son action, peut agir préventivement ou par mesure pénale sur le maintien de l'ordre public, soit le plus possible éclairé dans sa marche, pour qu'il puisse comprendre la haute gravité des obligations que la loi lui impose et s'en approprier l'importance. Nécessairement aussi, le tableau résumé de ses devoirs doit déterminer plus promptement dans son esprit plus d'attention et plus de zèle dans l'exercice de ses fonctions et de ses attributs, dont l'intelligence chaque jour deviendra plus certaine par les bienfaits de l'instruction largement répandue dans le pays.

Et qu'on ne dise pas que nous nous exagérons l'importance d'un sujet qui peut obtenir une direction facile par le moyen des instructions transmises au besoin; l'expérience démontre, en effet, l'inefficacité trop ordinaire des instructions subordonnées aux circonstances qui les font naître, évidemment, couvertes bientôt par l'oubli; au contraire, il est vrai de dire que l'ensemble de la matière clairement développée et brièvement recueillie, appelle l'attention et devient un guide prévoyant et permanent pour le fonctionnaire en exercice, comme pour celui qui lui succède.

Notre satisfaction serait déjà grande, si en coordonnant un choix de matériaux annotés pendant le cours de nos fonctions judiciaires, et de notre étude des règles de l'instruction criminelle, notre pensée, dans le produit succinct et réfléchi de son œuvre principalement pratique, était assez heureuse pour avoir le mérite d'être utile à une nombreuse classe de fonctionnaires dont l'actif concours, nous le répétons, intéresse au plus haut degré la répression des actes opposés au bon orbre social, et dont la surveillance éclairée est une garantie indubitable du maintien de la morale publique.

INDICATION SOMMAIRE

DES

OPÉRATIONS PRATIQUES

DES MAIRES ET ADJOINTS DES COMMUNES,

CONSIDÉRÉS

COMME OFFICIERS PUBLICS DE POLICE PREVENTIVE,

DE JUSTICE CRIMINELLE,

ET DE JURIDICTION DE SIMPLE POLICE.

§ I.

Observations Préliminaires.

1. AVANT tout, il importe que les maires et adjoints soient bien pénétrés des pouvoirs qui investissent leur personne.

Une distinction à cet égard devient indispensable ; elle

est d'autant plus nécessaire, que généralement elle est peu comprise ; cependant, la division marquée des pouvoirs est la base du régime représentatif, et le premier élément du droit constitutionnel.

Il y a donc utilité d'établir clairement et de faire comprendre aux maires et adjoints qu'ils appartiennent à la fois à l'ordre administratif et à l'ordre judiciaire criminel.

Le double caractère public de fonctionnaires administratifs et judiciaires, impose aux maires et adjoints des obligations diverses, et leur confère une puissance d'action d'une nature différente.

Ces obligations sont permanentes ou accidentelles dans la personne des *adjoints*, selon que les fonctionnaires agissent *administrativement* ou *judiciairement* dans l'ordre judiciaire criminel (Voir chap. III, n° 17).

Le Code d'instruction confère un second caractère *judiciaire* aux maires et adjoints des communes qui ne sont pas *chefs-lieux de canton*.

Ils connaissent concurremment avec le juge de paix d'un nombre de contraventions déterminées par la loi. Nous en faisons connaître la nature au chapitre concernant cette juridiction (Voir chap. VII).

2. Les lois du 21 mars 1831, sur l'organisation municipale, et 18-22 juillet 1837, sur les attributions municipales, déterminent les pouvoirs d'administration dans la personne des maires et dans celle des adjoints.

L'art. 14 de la loi de 1837 porte : « Le maire est chargé seul de l'administration, mais il peut déléguer une partie de ses fonctions à un ou à plusieurs de ses adjoints. »

Cette disposition de loi se trouve en harmonie avec l'art. 5 de la loi du 21 mars 1831, ainsi conçu : « En cas d'absence et d'empêchement, le maire est remplacé par l'adjoint disponible le premier dans l'ordre des nominations. »

Il faut donc dire que les lois du 21 mars 1831 et 22 juillet 1837, combinées entr'elles, placent directement dans les mains du maire les pouvoirs administratifs. L'article 14 de la loi du 22 juillet 1837 le dit expressément : « Le maire est chargé seul de l'administration. »

Ainsi, le maire présent, l'adjoint ne participe aux actes administratifs que par la délégation qu'il en reçoit du maire; mais si le maire est absent ou empêché, aux termes de la loi du 21 mars 1831, l'adjoint le remplace de droit.

Il résulte, par conséquent, des dispositions des lois citées, que les fonctions administratives de l'adjoint sont accidentelles et subordonnées aux circonstances déterminées par les lois.

§ II.

DE LA POLICE

ADMINISTRATIVE OU PRÉVENTIVE.

3. Le cadre que nous nous sommes imposé nous commande quelques observations sur des matières administratives rapprochées de notre sujet.

La police préventive, c'est-à-dire les mesures qui tendent à prévenir tous actes contraires au bon ordre des intérêts généraux et particuliers, rentre dans le cercle des pouvoirs de l'administration.

La police administrative a pour objet le maintien habituel de l'ordre public dans chaque lieu et dans chaque partie de l'administration générale. Elle tend principalement à prévenir les délits (Art. 19, loi du 3 brumaire an 4. — 25 oct. 1795).

La police est instituée pour maintenir l'ordre public, la liberté, la propriété, la sûreté individuelle (art. 16).

Son caractère principal est la vigilance; la société, considérée en masse, est l'objet de sa sollicitude (article 17).

Le maire est chargé, sous l'autorité de l'administration supérieure, de l'exécution des mesures de sûreté générale; d'ordonner les mesures locales sur les objets confiés à sa vigilance et à son autorité (art. 9, loi des 18-22 juillet 1837).

4. La police administrative ou préventive a donc pour obligation de prévenir les attentats aux lois et à l'ordre public. Cette mission est digne de toute sollicitude; car il est mieux de prévenir le mal que d'appeler, sur des coupables, le châtiment de leurs fautes.

La tranquillité publique, par conséquent, vient-elle à être troublée? des rixes sont-elles prêtes à s'engager? la police préventive doit rétablir l'ordre, et arrêter des luttes trop souvent fâcheuses dans leurs résultats.

Les scènes de désordre à craindre ont-elles un caractère plus sérieux? forment-elles un attroupement menaçant pour l'ordre public? les rassemblements séditieux veulent-ils porter atteinte à la richesse publique ou à l'intérêt particulier? l'action administrative est la première appelée par la loi à interposer son autorité, pour ramener à des desseins plus sages une multitude égarée.

Toutes personnes qui forment des attroupements sur les places ou sur la voie publique, seront tenues de se disperser à la première sommation *des préfet, sous-préfet, maires, adjoints des maires et de tous magistrats et officiers civils* chargés de la police judiciaire, autres que les gardes-champêtres et gardes-forestiers.

Les personnes qui, après la première sommation, continueront à faire partie d'un attroupement, pourront être arrêtées.

Si l'attroupement ne se dissipe pas, les sommations seront renouvelées trois fois. Chacune d'elles sera précédée d'un roulement de tambour ou d'un son de trompe. Si les trois sommations sont devenues inutiles, il pourra être fait emploi de la force, conformément à la loi du 3 août 1791 (Loi du 10 avril 1831).

Si les personnes attroupées ne se retirent pas paisiblement, et même s'il en reste plus de quinze rassemblées en état de résistance, la force des armes sera à l'instant déployée contre les séditieux, sans aucune responsabilité des événements, et ceux qui pourront être saisis ensuite, seront livrés aux officiers de police, pour être jugés et punis selon la rigueur des lois (Art. 7, loi du 3 août 1791).

Force doit rester à la loi; mais en pareille occurrence, l'administration supérieure sera à l'instant prévenue, et le magistrat sage et prudent n'usera de la mesure rigoureuse que la loi met à sa disposition, qu'à la dernière nécessité, et alors que le danger est imminent.

Le législateur devait porter plus loin ses prévisions, à l'effet d'écarter les éléments de désordre qui pourraient surgir forts et puissants de conciliabules secrets.

L'esprit du mal se revêt facilement du manteau du bien, et l'énergie brutale des mauvaises passions s'accroît avec le nombre. Cette simple observation justifie les dispositions du Code pénal que nous croyons également devoir rappeler, et dont l'exécution est administrative.

Nulle association de plus de vingt personnes, dont le but sera de se réunir tous les jours, ou à certains jours marqués, pour s'occuper d'objets religieux, littéraires, politiques ou autres, ne pourra se former qu'avec l'agrément du gouvernement, et sous les conditions qu'il plaira à l'autorité publique d'imposer à la société. — Dans le nombre de personnes indiqué par le présent article, ne sont pas comprises celles domiciliées dans la maison où l'association se réunit (Art. 291).

Toute association de la nature ci-dessus exprimée qui sera formée sans autorisation, ou qui, après l'avoir obtenue, aura enfreint les conditions à elle imposées, sera dissoute (Art. 292).

5. L'administrateur ne doit pas borner ses soins à la

conservation de la chose publique : les intérêts privés ont des droits à sa sollicitude, et il sera fidèle à sa mission en plaçant à l'abri du mal celui qu'un danger menaçait.

Ainsi, un homme arme-t-il son bras pour exécuter des menaces coupables?

La loi charge le fonctionnaire administratif de veiller à ses côtés, et d'arrêter l'exécution de ses mauvais desseins.

Une rumeur sinistre se fait-elle entendre? un crime ou délit s'est-il préparé dans l'ombre et le silence?

Il appartient à la police administrative d'en prévenir l'exécution, et son heureuse intervention, appliquée à propos, paralyse l'action mauvaise et préserve d'une flétrissure certaine l'homme qui serait devenu coupable.

Cette protection bienfaisante et tutélaire des intérêts sociaux n'est point impuissante dans son exécution; car l'action de la force publique devient l'auxiliaire des mesures de prudence prévues par la sagesse du magistrat administratif.

6. Le droit, pour l'autorité administrative, de requérir au besoin la force publique, est une conséquence naturelle des obligations qui lui sont imposées par les lois constitutives de ses attributions.

Cette faculté dérive, d'ailleurs, des lois du 28 germinal an 6, 9 floréal an 11, décret du 18 juin 1806, et loi du 22 mars 1831, et de l'ordonnance royale du 20 octobre 1820, actes qui créent et déterminent les obligations des corps composant la force publique du royaume.

Aux termes de ces lois, la force publique se compose, 1° de la gendarmerie; 2° des gardes-champêtres, gardes-forestiers et des employés des douanes; 3° de la troupe de ligne; 4° de la garde nationale.

L'art. 234 du Code pénal renferme également le principe du droit de réquisition conféré à l'autorité civile.

Tout commandant, tout officier ou sous-officier de la force publique qui, après en avoir été légalement requis par l'*autorité civile*, aura refusé de faire agir la force à ses ordres, sera puni... etc.

Les réquisitions doivent être faites par écrit au commandant de l'arme requise.

7. MODÈLE DE RÉQUISITION.

Nous, maire de la commune de canton de arrondissement de département de

Ou adjoint en l'absence du maire ou délégué du maire;

Ou membre du Conseil municipal désigné par la loi en l'absence du maire et de l'adjoint, ou délégué du maire;

Requérons, en vertu de la loi,

Le commandant de la gendarmerie de...

Ou le commandant de la garde nationale de...

Ou le commandant de la troupe de ligne à la résidence de... (*Désigner le lieu*);

De prêter le secours nécessaire que nous estimons devoir s'élever à la force de tant d'hommes... (*mettre le chiffre*) pour prévenir et repousser les attroupements;

Ou prévenir tel dessein criminel (*En indiquer la nature*).

Fait à le du mois l'an

Signature.

Si l'emploi de la force devenait urgent pour un fait instantané, la réquisition verbale adressée à la force publique remplirait suffisamment le prescrit de la loi.

8. L'absence ou l'éloignement des agents de la force publique auraient pu laisser sans force coërcitive le fonctionnaire préposé au maintien du bon ordre; mais la loi a sagement prévu la possibilité de cette circonstance en

conférant le pouvoir de requérir main-forte *de toute personne quelconque.*

Cette obéissance est expressément enjointe aux personnes requises, sous les peines portées par l'art. 475 du Code pénal, contre ceux qui, le pouvant, auront refusé ou négligé de faire les travaux, le service, ou de prêter le secours dont ils auront été requis, dans les circonstances d'accidents, tumultes, naufrage, inondation, incendie ou autres calamités, ainsi que dans le cas de brigandages, pillages, flagrant délit, clameur publique, ou d'exécution judiciaire.

Il n'existe pas de disposition de loi expresse pour déterminer le mode à suivre à l'effet de constater le refus d'obéissance à la réquisition de prêter secours ou main-forte. Nous devons recourir, par conséquent, aux termes généraux du droit, et nous adoptons un moyen qui nous paraît en tout légal.

Les agents de la force publique, tels que les gendarmes, les gardes-champêtres et forestiers, peuvent être chargés, d'après l'art. 72 du décret du 18 juin 1811, de citations, notifications et significations; et en usant du moyen permis par cet article, on arrivera facilement à constater le refus d'obéissance à la réquisition écrite du fonctionnaire; car le droit de notification de l'acte doit nécessairement comprendre le droit de certifier le refus de soumission.

9. MODÈLE DE RÉQUISITION.

Nous, maire de la commune de canton de arrondissement de département de

Ou adjoint en l'absence du maire ou délégué du maire de la commune de, etc.

Ou membre du Conseil municipal en l'absence du maire et de l'adjoint, ou délégué du maire;

Requérons, en vertu de la loi et sous les peines de l'art. 475 du Code pénal;

Le nommé Jacques B..., domicilié dans cette commune, de venir au secours et de prêter main-forte à l'autorité (*Expliquer l'exécution ou la mesure à prendre*); chargeons le garde-champêtre de cette commune, agent de la force publique, de la notification de la présente réquisition, en conformité à l'art. 72 du décret du 18 juin 1811. Fait à le mois au

Signature.

10. MODÈLE D'ACTE DE SIGNIFICATION.

L'an mil et le du mois de heure de

A la requête de M. le maire de la commune, et en vertu de sa commission en date de ce jour;

Je (*Nom, prénoms*), agent de la force publique, garde-champêtre de la commune de canton de arrondissement de département de me suis transporté au domicile du nommé Jacques B..., auquel j'ai fait connaître et remis la réquisition de M. le maire, et l'ai requis de me suivre. A quoi il m'a répondu qu'il refusait de se rendre à l'injonction à lui faite (*Indiquer les motifs s'ils sont donnés*).

De laquelle déclaration j'ai dressé le présent acte pour valoir ainsi que de droit.

Signature.

Nous pensons que la seule signature de l'agent chargé de cette signification, suffirait pour autoriser des poursuites, et qu'il ne serait pas nécessaire que cet acte fût écrit de sa main.

Ces pièces seront transmises au procureur du roi avec les autres renseignements à l'appui.

Dans le cas de réquisition faite verbalement, nous devons distinguer, si la réquisition émane de la personne du maire ou de l'adjoint; la constatation du fait de refus d'obéissance de la personne requise rentre dans les contraventions et délits ordinaires, et, par conséquent, les fonctionnaires dénommés, en leur qualité d'officiers de police judiciaire auxiliaire, peuvent en constater l'existence par procès verbal.

Mais, si les fonctions de police municipale sont remplies par un membre du conseil municipal, il joindra à son rapport le nom des personnes qui ont été témoins du refus d'obéir de la part de la personne requise.

12. Le Code d'instruction criminelle revêt le fonctionnaire administratif remplissant publiquement des actes de son ministère, de l'action nécessaire pour maintenir la dignité de ses opérations.

Les préfets, sous-préfets, maires, adjoints, officiers de police administrative (1) ou judiciaire, lorsqu'ils rempliront publiquement quelques actes de leur ministère, exerceront aussi les fonctions de police réglées par l'article 504; et après avoir fait saisir les perturbateurs, ils dresseront procès verbal du délit, et enverront le procès verbal s'il y a lieu, ainsi que les prévenus, devant les juges compétents (Art. 509).

13. MODÈLE DE PROCÈS VERBAL.

L'an le du mois de heure de nous maire de la commune de canton de arrondissement de département de

Ou adjoint en l'absence du maire ou délégué du maire;

Ou membre du conseil municipal en l'absence du maire et de l'adjoint, ou délégué du maire.

Au moment où nous exerçions nos fonctions administratives dans

(1) Le membre du conseil municipal est nécessairement compris dans la qualification d'officier de police administrative, toutes les fois qu'il remplace le maire ou l'adjoint, conformément aux lois des 21 mars 1831 et 18-22 juillet 1837.

le lieu de situé dans cette commune le nommé Pierre A. s'est livré à des violences répréhensibles, outrages et voies de fait (*énoncer la nature des actes*).

En conséquence, nous avons, conformément aux articles 504 et 509 du Code d'instruction criminelle, fait arrêter le nommé Pierre A...... domicilié à profession de et rédigé le présent procès verbal qui sera envoyé, ainsi que le prévenu, devant le procureur du roi de l'arrondissement de

Fait à lesdits an, jour et heure que dessus.

Signature.

14. Le fonctionnaire public non revêtu de ses marques distinctives, ne conserve pas moins, dans l'exercice de ses attributions, le caractère public et la puissance que la loi lui confère.

Il appartient aux tribunaux d'apprécier la bonne foi de l'individu coupable de désobéissance ou d'outrage envers la personne du fonctionnaire public, revêtu, ou non revêtu des insignes de ses fonctions. Cependant cette marque distinctive qui parle aux yeux, peut ajouter à la force morale du fonctionnaire; et c'est agir toujours sagement que d'en décorer sa personne dans les opérations de quelque importance.

§ III.

DES MAIRES ET ADJOINTS

CONSIDÉRÉS

COMME OFFICIERS DE POLICE JUDICIAIRE AUXILIAIRE DU PROCUREUR DU ROI.

15. La police judiciaire recherche les délits que la police administrative n'a pu empêcher de commettre, en rassemble les preuves et en livre les auteurs aux tribunaux chargés par la loi de les punir. (Loi 3 brumaire an 4. — 25 octobre 1795.)

La police judiciaire recherche les crimes, les délits et les contraventions, en rassemble les preuves et en livre les auteurs aux tribunaux chargés de les punir (art. 8. Code d'inst. crim).

16. Le principe de la division du pouvoir administratif et du pouvoir judiciaire est clairement caractérisé par la loi constitutionnelle du 3 brumaire an 4.

Cette division marquée des pouvoirs assure le jeu régulier des institutions du pays. La loi conférant des pouvoirs d'action, devait nécessairement en déterminer la nature et les limites; car le bon ordre des intérêts sociaux sera d'autant mieux assuré, que la puissance d'action des pouvoirs préposés à la garde de ses diverses parties, sera plus sagement pondérée et caractérisée dans le principe de nos lois constitutionnelles.

Les dispositions législatives de la division des pouvoirs, conduisent, comme nous l'avons déjà observé, à des conséquences différentes d'action, dont les résultats doivent être bien compris; il est, d'après nous, de la plus haute importance et d'un usage salutaire, pour s'identifier à notre principe gouvernemental, de ne pas confondre les attributions des pouvoirs, dans l'emploi des moyens d'action qui lui sont conférés.

Le choix en est facile lorsque les actes n'ont aucun caractère de ressemblance, mais le choix est plus épineux si la nature des actes touche, par quelque point, à l'ordre du pouvoir placé à côté. Nous voudrions pouvoir rendre notre langage assez clair pour espérer d'être compris par tous les fonctionnaires qui sont l'objet de nos instructions. Le mécanisme de nos institutions devrait devenir familier à tous. L'appréciation sainement faite du gouvernement constitutionnel donnerait indubitablement des garanties d'ordre et de stabilité; et, par conséquent, une proie immense échapperait à l'influence pernicieuse des esprits aventureux. Le temps doit nous conduire à ce résultat, mais un langage peut-être nouveau pour beaucoup, peut aider à ce progrès du temps.

17. Dans le chapitre précédent, nous avons indiqué quelques exemples des causes qui doivent déterminer l'action de la police administrative ou préventive (voir n°s 4 et 5).

Nous avons démontré que cette action était placée en permanence dans les mains du maire, mais qu'elle n'était qu'accidentelle dans la personne de l'adjoint, c'est-à-dire que ce dernier fonctionnaire n'est appelé à exercer l'action des pouvoirs administratifs, qu'en l'absence du maire ou par la délégation qu'il en reçoit de ce magistrat (Voir n° 2).

DANS L'ORDRE JUDICIAIRE CRIMINEL, le caractère d'officiers de police judiciaire et auxiliaires du procureur du roi, que les articles 9 et 50 du Code d'instruction criminelle attribuent aux maires et adjoints, n'est pas accidentel dans la personne de l'adjoint.

Le maire et l'adjoint exercent concurremment les attributions conférées à l'officier de police judiciaire et auxiliaire du procureur du roi. L'établissement du fait de l'absence ou de l'empêchement du maire est inutile, l'adjoint tient ses pouvoirs directs du Code d'instruction criminelle : il agit de son propre mouvement.

Ainsi, le caractère d'officier de police judiciaire et auxiliaire du procureur du roi est permanent, dans la personne de l'adjoint, comme dans la personne du maire. L'exercice de l'action publique lui est également ouvert pour tout fait criminel tenté ou accompli ; également, force est due à ses réquisitions et foi à ses procès verbaux d'instruction criminelle, ou de constatation des délits, conséquence légale de l'indivisibilité du ministère public et de la permanence du principe de son action.

Il est utile que les maires et adjoints se pénètrent de la haute idée qu'ils font cause commune avec les officiers du ministère public, dans l'intérêt de la sûreté sociale. Ces fonctionnaires ne doivent pas oublier qu'ils sont les sentinelles vigilantes du procureur du roi, dans l'étendue de son arrondissement.

18. L'institution du ministère public, dont l'organisa-

tion première remonte à des temps reculés, comprend dans ses attributs principaux l'exercice de l'action publique.

L'action publique est l'action qui appelle la peine sur les actes qui portent atteinte à l'ordre social. Chez des peuples anciens (les Romains) l'action publique était une arme que tout citoyen quelconque pouvait saisir. Cette liberté était évidemment dangereuse, et trop souvent, l'action publique devenait l'instrument d'un esprit de haine et de vengeance.

Ces dangers ne sont pas dans notre droit criminel. Cette action protectrice et vengeresse de l'ordre social reste entière et calme dans les mains impartiales du magistrat du ministère public, dont la voix seule peut en réclamer la conséquence pénale.

Le droit de poursuite du ministère public s'étend, en général, à tous *les faits qualifiés crimes*, *délits* et *contraventions*.

Le ministère public est appelé par la loi à poursuivre d'office tous les actes réprimés par nos lois pénales.

19. Le fait d'adultère, qui ne peut être poursuivi que sur la plainte du mari, est une exception au droit des poursuites d'office du ministère public.

Le mari peut même arrêter le cours des poursuites, s'il consent à reprendre sa femme.

Un fait d'adultère connu blesse la morale, mais ce fait coupable, envers les liens sacrés du mariage, ne porte cependant aucun préjudice aux intérêts de la société. C'est un délit privé envers le mari, juge de la nécessité d'une répression dont la publicité pourrait aggraver l'offense.

Une action n'est coupable et ne mérite un châtiment, que lorsqu'elle résulte d'une volonté libre de violer la loi.

Les cas de force majeure, de légitime défense et l'état de démence (1) au moment de l'action, sont des excuses valables aux yeux de la loi. Ces cas justifient complètement l'action.

Les articles 319 et 320 du Code pénal renferment une sage exception au principe légitime qu'une action n'est punissable que lorsqu'elle résulte d'une volonté libre de violer la loi, et cette exception résulte de l'action commise par *maladresse* ou *imprudence*.

Les liens de famille qui unissent le mari à la femme, ceux du sang, les enfants aux père et mère, ascendants, descendants et alliés au même degré, ont paru au législateur un motif suffisant pour créer une exception dans les poursuites qu'autorise l'action du vol.

L'article 380 du Code pénal, en déclarant que les soustractions commises par les personnes ci-dessus dénommées, les unes au préjudice des autres, ne donnaient lieu qu'à des réparations civiles, a rendu, par cela même, inutile l'intervention du ministère public.

Mais ces dispositions ne sont pas applicables à tous autres individus qui auraient recelé, ou appliqué à leur profit les objets volés.

(1) La loi du 30 juin 1838 sur les aliénés confie au pouvoir administratif le soin de pourvoir à la sûreté publique vis-à-vis des personnes aliénées.

L'article 19 autorise à prendre toutes les mesures provisoires nécessaires contre la personne aliénée, à la charge d'en référer dans les vingt-quatre heures à l'administration supérieure.

Dans toutes les communes où il existe des hospices ou hôpitaux, les aliénés ne pourront être déposés ailleurs que dans les hospices ou hôpitaux. Dans les lieux où il n'en existe pas, les maires devront pourvoir à leur logement soit dans une hôtellerie, soit dans un local loué à cet effet.

Dans aucun cas, les aliénés ne pourront être ni conduits avec les condamnés ou les prévenus, ni déposés dans une prison (art. 24).

Il résulte, des observations précedentes, que l'exercice de l'action publique n'est un moyen efficace que lorsque le fait qui provoque des poursuites ne se trouve pas compris dans le nombre des exceptions admises par loi pénale (1).

20. Mais le concours des officiers auxiliaires dans l'œuvre de bien public que les magistrats du parquet ont mission d'accomplir, leur commande une attention sérieuse et une exactitude non moins soutenue à transmettre, au procureur du roi, les circonstances des faits qu'ils signalent à la justice.

L'officier de police ne doit pas oublier que l'action répressive doit être prompte. Il remplira son devoir, en faisant des efforts pour comprendre le caractère véritable de l'action publique ; alors, l'usage salutaire de sa puissance sera, dans ses mains, d'une application facile, et les attentats au bon ordre utilement reprimés.

Ce dernier résultat sera d'autant mieux obtenu, que l'action publique s'exercera seulement dans la personne des fonctionnaires investis des pouvoirs qu'elle attribue.

Nous avons indiqué, au commencement de ce chapitre, les fonctionnaires administratifs des communes qui sont appelés, par le Code d'instruction criminelle, au pouvoir de l'exercice de l'action publique.

Notre économie, dans la dévolution des pouvoirs conférés par le Code d'instruction criminelle, est non-seulement conforme à la saine interprétation de la législation criminelle, mais elle doit donner en général, dans la pratique une certitude plus grande de mieux faire,

(1) La loi du 26 mars 1819, énonce également certains cas où l'action du ministère public est suspendue.

par la raison que la responsabilité de l'exercice de ces pouvoirs pèsera sur un plus petit nombre de personnes (1).

21. *L'action de la justice répressive* commence au moment où s'accomplit le crime ou dans un temps plus ou moins éloigné de sa consommation.

Toute tentative criminelle suivie d'un commencement d'exécution, est assimilée à l'attentat lui-même.

Le complice d'un fait criminel appelle les résultats de l'action publique, comme l'auteur principal du fait consommé.

La complicité découle de la nature de différents faits. Elle résulte ordinairement de la participation prise au fait principal, soit en l'aidant, le conseillant ou en facilitant les moyens d'arriver à la perpétration du crime ou du délit.

La même règle est applicable aux receleurs, c'est-à-dire, à ceux qui reçoivent les produits des crimes ou délits, le recel des instruments du crime, ou de la personne du coupable, fait naître la présomption de complicité.

22. Cependant, l'homme qui conçoit le projet d'un crime n'est pas encore coupable aux yeux de la loi écrite. Cette pensée criminelle blesse le for-intérieur de l'âme honnête, mais l'homme, d'ailleurs, ne doit pas compte de sa pensée.

Les menaces ne donnent lieu à l'action publique que dans les cas spécifiés par les articles 305, 306 et 436

(1) Nous avons développé cette thèse dans les n°s 58, 63 et 71 de la Presse Judiciaire, journal du ressort de la Cour royale de Riom.

du Code pénal, c'est-à-dire, contre quiconque aura menacé par écrit anonyme, ou signé d'assassinat, d'empoisonnement, d'incendie, ou tout autre attentat contre les personnes; ou si la menace avait été faite avec ordre de déposer une somme d'argent dans un lieu indiqué, ou de remplir toute autre condition.

La menace écrite, quoique sans ordre ou condition, est également punissable.

La menace verbale l'est aussi, l'orsqu'elle est faite *avec ordre* ou *sans condition* de faire une chose exigée par celui qui menace d'un attentat contre la personne ou contre la propriété.

La loi ne prononce aucune peine contre la simple menace qu'un moment de colère peut produire et qu'un moment de réflexion peut bientôt dissiper.

La menace avec ordre, ou sous condition, au contraire, peut avoir pour effet de faire obéir l'homme timoré à des injonctions qui lui sont faites pour se garantir du mal dont il est menacé.

23. L'action publique est indépendante de l'action civile, et la renonciation de la personne lésée à des dommages et intérêts, ne peut arrêter l'effet de la vindicte publique; le complice n'est point dégagé des effets de l'action publique par la mort de l'auteur de l'action.

La mort du prévenu, la prescription ou l'amnistie du crime sont les seules circonstances qui éteignent l'action publique.

L'action publique résultant d'un crime emportant peine afflictive ou infamante se prescrit par dix années révolues, à compter du jour où le crime été commis.

Si, dans cet intervalle, il a été fait des actes d'instruction ou de poursuite non suivis de jugement, l'action publique ne se prescrit qu'après dix années révolues, à compter du dernier acte.

La prescription de l'action publique, pour un fait de nature à être puni correctionnellement, est réduite à trois années révolues, à compter du jour où le délit a été commis, et avec la même distinction précédente, si des poursuites ont eu lieu.

L'action publique pour une contravention de police se prescrit après une année révolue, à compter du jour où elle aura été commise, mais avec cette différence, que la prescription s'accomplit par l'année révolue, même lorsqu'il y aura eu procès verbal, saisie, instruction ou poursuite, si, dans l'année, il n'est point intervenu de condamnation.

24. Nous avons dit plus haut que l'action de la justice commence au moment où le crime s'accomplit ou lorsque le crime vient de se commettre.

La police judiciaire doit alors agir sans le moindre retard; son action lentement produite peut laisser échapper le coupable et laisser disparaître les traces du crime.

L'officier de police judiciaire auxiliaire doit cependant se prémunir contre une trop grande précipitation, qui pourrait avoir pour résultat de changer le véritable caractère de l'action judiciaire.

L'action publique doit être provoquée légalement, et par conséquent, l'exercice de cette action doit être précédé *du flagrant délit, de la clameur publique, de la plainte* ou *de la dénonciation*.

§ IV.

DES PRINCIPES GÉNÉRAUX

CONCERNANT L'EXERCICE DE L'ACTION PUBLIQUE JUDICIAIRE CRIMINELLE.

25. Dans les chapitres précédents, nous nous sommes renfermés dans les seules explications qui nous ont paru nécessaires pour que les officiers de police judiciaire auxiliaire qui nous occupent, comprissent clairement les caractères publics que la loi leur confère, leurs obligations et l'importance des pouvoirs dont ils sont revêtus.

La même économie guidera notre méthode dans l'exposé des matières des chapitres, qui compléteront ce manuel.

26. Les lois de police et de sûreté obligent tous ceux qui habitent le territoire (Art. 3 du Code civil).

La violation de ce principe du droits des gens, légitime aussitôt l'action des officiers judiciaires, contre toute personne prévenue d'avoir enfreint les lois de sûreté et les règlements d'administration de police.

27. La loi du 13 ventôse an 11 établit cependant une exception à ce principe général vis-à vis des ambassadeurs

des puissances étrangères et des gens de leur suite. Ils ne sont pas justiciables dès tribunaux français, et on ne peut pénétrer dans leur domicile; mais on ne doit pas conclure de cette règle réciproque, de puissance à puissance, que des mesures de sûreté ne puissent être prises.

Le décret du 15 novembre 1811 sur l'université établit aussi un privilége en faveur du corps universitaire. Ce privilége consiste en ce qu'aucun officier de police, ou de justice, ne peut pénétrer dans un établissement universitaire, s'il n'est porteur d'une autorisation spéciale et écrite émanant du procureur-général, de l'un de ses substituts, du procureur du roi ou du substitut, à l'effet de procéder à la constatation d'un délit, ou pour mettre à exécution un mandat d'amener ou d'arrêt décerné contre les membres de l'université, ou les éleves. mais l'article 157 du décret de 1811 fait lui-même une exception à ce privilége en présence *de flagrant délit*, en cas d'incendie, ou de secours réclamés de l'intérieur de l'établissement.

Aucun pair ne peut être arrêté que de l'autorité de la Chambre, et jugé que par elle en matière criminelle (Art. 29 Charte constitutionnelle).

Aucun membre de la Chambre des députés ne peut pendant la durée de la session, être poursuivi ni arrêté, en matière criminelle, *sauf le cas de flagrant délit*, qu'après que la Chambre a permis sa poursuite (Art. 44).

La rédaction de l'article 29, quoique plus laconique que celle de l'article 44, ne donne pas aux membres de la Chambre des pairs un privilége plus étendu. Ce privilége est également limité à la durée de la session.

La Charte constitutionnelle déclare illicite et nulle de plein droit toute assemblée de la Chambre des pairs qui serait tenue hors du temps de la session de la Chambre des députés. La session des deux Chambres devant se clore, en même temps ; la durée du privilége créé par l'article 29 de la Charte ne peut, par conséquent, se prolonger au delà de la clôture des Chambres.

L'exception déterminée par l'article 44, en cas de flagrant délit, doit s'étendre aux membres de la Chambre des pairs. L'égale puissance politique des deux Chambres doit établir une règle commune de privilége comme d'exception. Cela résulte encore des dispositions de l'article 121 du Code pénal.

Seront comme coupables de la forfaiture, punis de la dégradation civique, tout *officier de police judiciaire*, tous procureurs généraux ou du roi, tous substituts, tous juges qui auront provoqué, donné ou signé une ordonnance ou un mandat tendant à la poursuite personnelle ou accusation soit d'un ministre, soit d'un membre de la Chambre des pairs, de la Chambre des députés ou du Conseil d'État, ou qui, hors *des cas de flagrant delit ou de clameur publique*, auront, sans les mêmes autorisations, donné ou signé l'ordre ou le mandat de saisir ou arrêter *un ou plusieurs ministres*, ou *membres de la Chambre des pairs*, de *la Chambre des députés* ou *du Conseil d'Etat*.

Les délits personnels emportant peine afflictive ou infamante, commis par un membre du Conseil d'Etat sont poursuivis devant les tribunaux ordinaires, après qu'une délibération du corps auquel le prévenu appartient a autorisé cette poursuite (Art. 70 loi du 22 frimaire an 8 — 13 décembre 1799).

Les ministres prévenus de délits privés emportant peine afflictive ou infamante, sont considérés comme membres du Conseil d'Etat.

L'égide de la loi protége par conséquent les hauts fonctionnaires dont nous venons de parler, dans toutes les actions qui leur sont personnelles, et qui portent avec elles un caractère non flagrant de criminalité.

L'article 75 de la loi de l'an 8 étend ce privilége aux agents du gouvernement qui ne peuvent être poursuivis pour des faits relatifs à leurs fonctions, qu'en vertu d'une décision du Conseil d'Etat ; mais pour tous autres faits qui n'ont pas lieu dans l'exercice de leurs fonctions ou à l'occasion de leurs fonctions, les agents compris dans l'article 75 sont soumis à la règle commune de poursuite à tous autres citoyens (1).

28. Le cas de flagrant délit est l'exception générale apportée au privilége établi par les lois en faveur d'une classe de citoyens chargés d'un service public, et dont la dignité ne pouvait tomber à la merci de poursuites légèrement exercées. La sûreté publique, comme le besoin de ne point laisser échapper des preuves actuelles et évidentes du crime, ont sagement autorisé, en cas de flagrant délit, une exception à une règle elle-même d'exception au principe fondamental de notre droit public, que nous rappelons au n° suivant.

29. Les Français, dit la Charte constitutionnelle, sont égaux devant la loi, quels que soient d'ailleurs leurs titres et leurs rangs.

La loi constitutionnelle, proclamant l'égalité de tous devant la loi, devait également protéger la liberté individuelle des citoyens français.

(1) Les fonctionnaires qui rentrent, aux termes de l'art. 75 de la loi de l'an VIII, dans la qualification d'agents du gouvernement, sont principalement les maires, adjoints, membre du conseil municipal remplaçant le maire, employés de l'enregistrement, comptables, directeur des postes, directeurs des poudres et salpêtres, entrepreneurs des travaux publics, administrateurs de bureau de bienfaisance, fabriciens, vérificateurs des poids et mesures, membres de l'université, etc., etc.

Leur liberté individuelle est également garantie, personne ne pouvant être poursuivi ni arrêté que dans les cas prévus par la loi et dans les formes qu'elle prescrit (Art. 4).

La constitution du 22 frimaire an VIII avait pris le soin d'indiquer le respect dû au domicile du citoyen.

La maison de toute personne habitant le territoire français, est un asile inviolable.

Pendant la nuit, nul n'a le droit d'y entrer que dans le cas d'incendie, d'inondation ou de réclamation faite dans l'intérieur de la maison.

Pendant le jour, on peut y pénétrer pour un objet spécial déterminé, ou par une loi, ou par un ordre émané d'une autorité publique (art. 76).

Aux termes de la loi du 11 frimaire an VII, la nuit, depuis le 1er octobre jusqu'au 31 mars, commence à six heures du soir et finit à six heures du matin, et depuis le 1er avril jusqu'au 30 septembre, elle commence à neuf heures du soir et finit à quatre heures du matin.

Il est bon, cependant, d'observer qu'il est permis de s'introduire dans les lieux ou maisons publiques jusqu'à l'heure indiquée par les règlements. Observons également que les opérations commencées avant l'heure de la nuit, ne doivent pas cesser lorsque ce moment est arrivé. La continuation peut s'en opérer lorsque cette mesure paraît convenable. Disons aussi que l'heure de la nuit indiquée par la loi de l'an VII est plutôt *démonstrative* que *limitative*.

Les préceptes des lois constitutionnelles que nous venons d'indiquer, sont obligatoires pour tous ; mais ils doivent nécessairement s'adresser plus directement à l'officier de police judiciaire, chargé par la loi de concilier les justes exigences des garanties dues aux libertés individuelles, avec la nécessité urgente de comprimer les attentats contre le bon ordre des intérêts sociaux.

30. La légalité est un besoin de l'époque actuelle ; il importe, par conséquent, de revêtir l'action publique, dans son exercice, de tout son caractère légal pour ne pas altérer dans nos mœurs sa dignité, et pour lui conserver par ce moyen toute la puissance de sa force morale.

Deux moyens doivent conduire à ce résultat :

1° *La connaissance* bien comprise de l'action qui réside dans la personne du fonctionnaire, seul investi de l'exercice de cette action. C'est l'objet de nos observations dans les chapitres précédents.

2° *La connaissance* clairement établie de la nature du fait criminel qui appelle l'exercice de cette action, et que nous caractérisons par les termes de la loi dans le n° suivant.

31. L'infraction que les lois punissent d'une peine *afflictive ou infamante* est un *crime*.

L'infraction que les lois punissent des peines *correctionnelles* est un *délit*.

L'infraction que les lois punissent de *peines de police* est une *contravention* (art. 1er, Code pénal).

La nature des infractions graduées par la loi doit déterminer, de la part de l'officier de police judiciaire auxiliaire, une action conforme à la gravité des crimes et délits, joints à la circonstance flagrante desdits crimes et délits, ou aux cas assimilés aux délits flagrants.

32. Les crimes sont réputés *matériellement flagrants* lorsque le corps du délit est encore exposé à la vue : par exemple, un homme assassiné, une maison incendiée, les fractures opérées pour commettre le vol.

Le caractère de flagrant délit se retrouve dans les deux circonstances suivantes : Lorsque le prévenu, dans un temps voisin du crime, est poursuivi par la clameur publique, ou lorsqu'il est trouvé saisi d'effets, armes, instruments ou papiers faisant présumer qu'il est auteur ou complice.

Il y a encore assimilation au flagrant délit, si le corps du délit reparaît dans un temps plus ou moins éloigné de sa perpétration.

La découverte de l'instrument qui a servi à commettre le crime, fait considérer le crime comme flagrant. La réquisition d'un chef de maison assimile l'action qu'elle provoque à celle de flagrant délit.

Par chef de maison, on doit entendre le propriétaire, le principal locataire, et le locataire de chaque appartement.

33. Les faits qualifiés *crimes par la loi*, autorisent, en cas de flagrant délit, ou dans les cas assimilés au flagrant délit, l'arrestation immédiate du prévenu, même par les soins de toute personne, et par mesure de sûreté publique.

Le législateur n'a dû laisser d'ailleurs, dans aucun cas, la société désarmée ; la défense réciproque est de droit naturel, et la vérité de ce principe est en effet confirmée par les dispositions du Code d'instruction criminelle.

Tout dépositaire de la force publique, et *même toute personne*, sera tenu de saisir le prévenu surpris en flagrant délit, ou poursuivi soit par la clameur publique, soit dans les cas assimilés au flagrant délit, et de le conduire devant le procureur du roi, sans qu'il soit besoin de mandat d'amener, si le crime ou délit emporte peine afflictive ou infamante (Art. 106).

Le crime flagrant commande à l'officier auxiliaire une seconde opération non moins importante, et qui consiste à procéder *à des visites domiciliaires* chez les personnes prévenues ou gravement présumées auteurs ou complices de l'attentat.

La saisie des instruments du crime, celle des objets qui en proviennent, ou qui donnent la preuve que la personne gravement soupçonnée est l'auteur ou le complice du crime, doit en effet s'opérer le plus ordinairement au domicile des prévenus.

34 (bis). *L'infraction* que la loi punit des simples peines correctionnelles a moins de gravité dans ses conséquences; aussi, les mesures à prendre contre les prévenus exigent-elles moins de rigueur.

Nous n'hésitons pas cependant à nous ranger à cette opinion, qu'aux termes généraux du droit criminel, le simple délit flagrant autorise l'arrestation du prévenu présent, et doit même provoquer, dans certains cas, de la part de l'officier judiciaire, les visites domiciliaires qui établiraient les preuves du délit.

Nous estimons qu'en cas de flagrant délit simple, il est au pouvoir de l'officier de police auxiliaire de procéder aux actes de procédure qu'il jugera utiles pour établir la preuve du délit, tels que la constatation des lieux du délit, et la consignation dans son procès verbal de la déclaration des témoins.

L'intérêt du bon ordre, moins gravement compromis, ne peut être un motif pour désarmer l'action publique chargée de préparer, par tous les moyens légaux, la bonne justice dispensatrice des peines.

34. MODÈLE DE PROCÈS VERBAL DE DÉLIT CORRECTIONNEL FLAGRANT (1) (Voir n° 36).

Nous maire ou adjoint de la commune de   canton de
arrondissement de   département de
officier de police judiciaire ;

Sur l'avis qui nous a été donné, ou instruit par la clameur publique, d'un délit commis à....

Nous nous sommes de suite transporté sur les lieux, et il nous a été rapporté *(énoncer les faits)*.

Nous avons nous-même reconnu *(rapporter les indices du délit, ou décrire le corps du délit, s'il est apparent, comme s'il s'agissait par exemple de plantations coupées ou d'animaux mutilés ou tués, etc.)*

A peu de distance du lieu du délit, nous avons trouvé un instrument *(en rapporter la nature)* qui paraît avoir servi à commettre ledit délit, ou tel objet nous a été remis ; nous l'avons pris et retenu comme pièce de conviction.

Nous avons fait appeler à notre procès verbal les nommés.... témoins du délit, qui nous ont déclaré *(consigner leur témoignage)*.

Des renseignements ci-dessus consignés, il en résulte que le nommé.... est gravement soupçonné d'être l'auteur du délit ; en conséquence, nous avons ordonné son arrestation (2) *(si le prévenu se trouve dans les cas énoncés ci-après*, n°s 35 et 36). Ledit nommé... sera de suite transféré pardevant M. le procureur du roi, ainsi que les pièces de conviction, et ensemble notre procès verbal *(Les pièces de conviction et le procès verbal seraient les objets à faire parvenir au procureur du roi, si l'arrestation du prévenu n'est pas commandée par les considérations du n° 35)*.

Signature.

Cette règle devient d'ailleurs obligatoire pour l'officier judiciaire, dans le cas de crime ou délit même non fla-

(1) Si le délit n'était pas flagrant, la forme du procès verbal serait la même, moins la perquisition domiciliaire et l'arrestation du prévenu, qui, dans le cas de flagrant délit, peuvent avoir lieu (V. n° 34 et n° 35), *et dont mention de ces mesures prises contre le prévenu et son domicile* serait faite au procès verbal.

(2) Modèle de mandat d'amener (voir n° 51).

grant, commis dans l'intérieur d'une maison, lorsque le chef de cette maison en requiert la constatation (articles 46 et 49, Code d'inst. crim.).

35. Sans doute, la liberté de l'homme est chose assez précieuse pour approuver, dans la pratique, la prudente réserve qui sera toujours mise pour les arrestations des prévenus de simples délits, et *cette mesure ne peut être sagement prise que vis-à-vis des personnes inconnues, sans domicile, ou lorsque leur domicile est incertain. La moralité entièrement flétrie* du prévenu est une cause suffisante pour placer de suite sa personne sous la main de la justice.

Non-seulement, la peine immédiate infligée au prévenu mal famé est d'un exemple de bonne moralité, mais il est juste encore, dans les circonstances énoncées précédemment, de garantir à la vindicte publique les moyens d'arriver à la réparation légitime qu'elle doit obtenir, par la punition de celui qui s'est rendu coupable d'un fait qualifié délit.

36. Le caractère du simple délit flagrant est encore celui du fait d'un individu *s'emparant furtivement* d'un objet quelconque appartenant à autrui.

Le cas assimilé au flagrant délit est aussi *la clameur publique*, poursuivant la personne du prévenu qui vient *de commettre une action caractérisée délit* par la loi, ou qui est encore munie *du corps de délit* (voir no 32).

37. *Les crimes et délits* non flagrants sont ceux qui ne sont signalés que par des indices imparfaits, ou dont l'exécution, remontant à une époque éloignée, ne laisse aucune trace matérielle du crime ou du délit commis.

L'officier de police judiciaire auxiliaire peut en acquérit aussi la connaissance *par la plainte, la dénonciation, ou par la rumeur publique*.

La plainte est l'acte par lequel un individu se plaint d'avoir été victime d'une mauvaise action. *L'officier auxiliaire* a capacité pour en recevoir la déclaration, et il manquerait à ses devoirs s'il refusait d'agréer la plainte, lors même que le fait lui paraîtrait douteux, à moins qu'il lui parût évident que le fait signalé ne constitue ni crime ni délit; la vindicte publique serait alors entièrement désintéressée (1).

38. MODÈLE DE PROCÈS VERBAL DE PLAINTE.

L'an et le du mois de à heure de par devant nous, maire ou adjoint de la commune de canton de arrondissement de département de procédant comme officier de police judiciaire auxiliaire du procureur du roi, s'est présenté le sieur Antoine C...., propriétaire domicilié à lequel nous a exposé que *(détailler les faits de la plainte)* ledit sieur Antoine C.... nous a déclaré qu'il dénonce les faits dans l'intérêt de la vindicte publique, et qu'il n'entend pas se porter partie civile (2).

(1) Les juges de paix, les officiers de gendarmerie, et les commissaires de police ont le caractère d'officiers de police auxiliaire du procureur du roi, comme les maires et adjoints (art. 48 et 49, Code d'inst. crim.). Des commissaires généraux de police compris dans l'art. 48, sont supprimés par arrêté des 28 mars et 6 avril 1815.

(2) Tout procès verbal de plainte, ou constatant un crime ou un délit dans l'intérêt de la vindicte publique, doit être rédigé sur papier libre. Ces actes sont exempts de la formalité de l'enregistrement. Art. 16 et 70 des lois des 13 brumaire et 22 frimaire an 7.

Il en est autrement, lorsque le plaignant déclare vouloir se porter partie civile, c'est-à-dire obtenir contre le prévenu des dommages et intérêts. Dans ce cas, la plainte doit être rédigée sur papier timbré et le procès verbal soumis à l'enregistrement.

Le plaignant, à l'appui de sa déclaration, nous a indiqué pour témoins :

1° Le nommé

2°

3°

Il nous a représenté et remis, comme pièces de convictions, les objets suivants *(décrire les objets)*, lesquels objets nous avons scellés et retenus pour être joints au présent procès verbal, et pour être de suite transmis le tout ensemble à M. le procureur du roi, les faits de la plainte n'ayant pas le caractère le flagrant délit.

De tout quoi nous avons rédigé le présent procès verbal que ledit sieur Antoine C.... a signé avec nous, ou a déclaré ne savoir signer, et avons clos ledit procès verbal lesdits jour et an que dessus.

Signature.

39. La plainte peut être présentée toute rédigée. Le maire ou l'adjoint peuvent alors se borner à faire signer par le plaignant le contenu de ladite plainte; et si la personne rendant plainte se présentait comme fondée de pouvoir du plaignant, il faudrait avoir le soin de joindre à la plainte la procuration régulièrement légalisée dont serait muni le mandataire.

L'officier judiciaire devrait alors se borner de mettre à la suite de la plainte:

MODÈLE.

La présente déclaration a été présentée à nous, maire ou adjoint de la commune de officier de police auxiliaire, aujourd'hui, le du mois de de l'an par le sieur Jacques B.... qui nous a affirmé pour lui *(ou pour le sieur Louis D.... dont il est fondé de pouvoir, ainsi que cela résulte de la procuration ci-jointe)*, l'exactitude des faits exposés dans la plainte, et à l'appui desquels des témoins y sont indiqués.

En conséquence, nous avons donné acte de la remise de ladite plainte pour être transmise, en cet état, à M. le procureur du roi avec les pièces de conviction *(s'il en est remis, les décrire)* que nous avons cachetées et scellées.

Le présent acte a été signé par nous et le plaignant *(ou par son mandataire)* lesdits jour et an que dessus, *ou ils ont déclaré* ne savoir signer.

Signature.

Il est superflu d'observer que cet acte de remise peut être rédigé sur un papier différent de celui de la plainte, si l'espace manque à la suite des faits contenus dans la plainte.

40. La *dénonciation* dont il s'agit aux n°s 24 et 37, est l'acte prescrit par le Code d'instruction criminelle.

Toute personne qui aura été témoin d'un attentat, soit contre la sûreté publique, soit contre la vie ou la propriété d'un individu, sera pareillement tenue d'en donner avis au procureur du roi, soit du lieu du crime ou délit, soit du lieu où le prévenu pourra être trouvé (art. 30).

La dénonciation civique, consacrée par la loi dans un intérêt commun de bien social, ne ressemble point à la délation bassement dirigée.

En conséquence, pour déterminer l'action prompte de l'officier judiciaire, il faut que cet acte soit empreint d'un cachet loyal et franc ; toute lettre anonyme ou signée d'un nom supposé, mérite peu de confiance et doit seulement éveiller son attention.

41. La *rumeur publique* est un bruit vague qui signale un fait tenté ou accompli ; mais ce bruit, s'il prend quelque consistance, doit exciter la sollicitude de l'officier de police judiciaire auxiliaire, et le déterminer à faire des efforts pour s'entourer de tous les renseignements qui pourraient éclairer la justice et provoquer son action.

42. Il résulte, de tout ce qui précède, que l'officier de police auxiliaire, placé dans le cas de non flagrant délit,

doit se borner à recueillir tous les renseignements sur les faits qui lui sont signalés, ou dont il a acquis par lui-même la preuve. Son procès verbal contiendra les circonstances exactes qui se rattachent au fait répréhensible; il indiquera les témoins, les renseignements sommaires qu'ils auront donnés, et les pièces de conviction qu'ils auraient soumises; *enfin*, *il transmettra de suite, au procureur du roi*, ces divers renseignements.

Dans le cas de dénonciation de crimes ou de délits autres que ceux qu'ils sont directement chargés de constater, ces officiers de police judiciaire transmettront aussi, *sans délai, au procureur du roi*, les dénonciations qui leur auront été faites, et le procureur du roi les transmettra au juge d'instruction avec son réquisitoire (art. 54).

Il est facile de comprendre qu'un fait déjà accompli depuis long-temps puisse commander une réserve d'autant plus sage et prudente, que le temps ne laisse souvent que des traces et des preuves incomplètes.

Au contraire, dans le cas de flagrant délit dont le caractère éminemment flagrant est déterminé aux nos 32, 34 et 36, l'officier de police judiciaire auxiliaire doit se livrer à des investigations plus actives et plus sérieuses. Son action repose sur un fait actuel et patent dont il importe de ne point laisser échapper les indices et les preuves de toute nature.

Il y a donc utilité d'assurer, dans les circonstances surtout du crime flagrant, l'action première de l'officier auxiliaire, et les règles d'instruction criminelle ultérieurement indiquées tendront à obtenir ce dernier résultat.

DE L'APPLICATION PRATIQUE

DES RÈGLES DE L'INSTRUCTION CRIMINELLE.

FLAGRANTS DÉLITS.

(Voir les numéros 32, 34, 36.)

43. La nomenclature des infractions que comprend ce chapitre ne porte que sur des faits qualifiés crimes par la loi ; pour les délits simples, nous renvoyons aux indications du numéro 36, et pour les contraventions, au numéro 99 (bis).

Une nomenclature trop étendue de crimes ou délits aurait indubitablement pour résultat de nous priver du plus utile et du principal mérite auquel nous voudrions arriver, celui d'être clair.

Nous devons laisser au zèle, à l'intelligence et à la méditation des officiers de police auxiliaire, le soin de faire l'application facile des principes généraux de l'instruction criminelle aux contraventions en général. Par conséquent, nous devons nous borner à un nombre restreint de cas.

Les attentats au premier chef, c'est-à-dire les machinations ou complots contre la vie du roi ou la sûreté de l'Etat, ils se trouvent placés en dehors du but de ce manuel. Il suffit d'observer que, dans ces graves circonstances, le patriotisme s'unit à toutes les mesures répressives et légales de la justice.

Nous l'avons déjà dit, notre travail a pour unique but de faciliter aux maires et adjoints, auxiliaires de procureurs du roi, les mesures usuelles que commandent les infractions les plus ordinaires; et pour ne pas nous écarter du cadre que nous nous sommes imposé, nous indiquerons seulement les crimes principaux prévus par le Code pénal.

44. MEURTRE. — ASSASSINAT.

L'homicide commis volontairement est qualifié *meurtre* (Art. 295 Code pénal).

Tout meurtre commis avec préméditation ou guet-apens est qualifié assassinat (Art. 296).

La préméditation consiste *dans le dessein formé* avant l'action d'attenter à la personne d'un individu déterminé, ou même de celui qui *sera trouvé ou rencontré*, quand même ce dessein *serait dépendant* de quelque circonstance ou de quelque condition (Art. 297).

Le guet-apens consiste à attendre plus *ou moins* de temps, dans *un ou divers lieux*, un individu, soit pour lui donner la mort, soit pour exercer sur lui des actes de violences (Art. 298).

43 (bis). *Observations applicables à tous les crimes.*

A l'événement d'un crime, le premier devoir de l'officier de police judiciaire auxiliaire est d'en instruire aussitôt *le procureur du roi*, ainsi que le prescrit l'art. 29 du Code d'instruction criminelle.

Toute autorité constituée, tout fonctionnaire ou officier public qui, dans l'exercice de ses fonctions, acquerra la connaissance d'un crime ou d'un délit, sera tenu d'en *donner avis sur-le-champ au procureur du roi* près le tribunal dans le ressort duquel ce crime ou délit aura été commis ou dans lequel le prévenu pourrait être trouvé, et de transmettre à ce magistrat tous les renseignements, procès verbaux et actes qui y sont relatifs (art 29).

Sans perdre de temps, l'officier de police auxiliaire doit se transporter sur le lieu du crime : sa présence sur les lieux est urgente et nécessaire.

L'officier auxiliaire agirait prudemment s'il s'entourait aussitôt des moyens suffisants pour conserver intact le lieu où l'attentat a été commis, ou le fait criminel consommé.

Il peut s'aider de la force publique, les procureurs du roi et *tous autres officiers de police judiciaire*, auront, dans l'exercice de leurs fonctions, le droit de requérir directement la force publique (art. 25).

La force publique, ainsi que nous l'avons indiqué au n° 6, se compose :

1° De la gendarmerie ;

2° Des gardes champêtres, gardes forestiers et des employés des douanes ;

3° De la troupe de ligne ;

4° De la garde nationale.

43. MODÈLE DE RÉQUISITOIRE.

Nous maire ou adjoint de la commune de canton de arrondissement de département de officier de police auxiliaire du procureur du roi, vu l'art. 25 du Code d'instruction criminelle ;

Requérons le commandant de la gendarmerie ou le commandant de de prêter main-forte à la justice pour un attentat commis (*Indiquer le crime*) dans la commune de

Fait à le

Signature.

Nous avons également rappelé avec raison, au n° 8, que l'éloignement de la force publique, ou l'insuffisance de sa force matérielle, devaient autoriser la réquisition de toute personne quelconque.

La réquisition de l'officier public judiciaire est obligatoire pour tous, sous les peines de l'art. 475 du Code pénal.

Modèle de réquisition (voir le n° 9).

Moyen de le faire signifier à la personne requise (voir n° 8).

Modèle d'acte de signification (voir n° 10).

La réquisition étant verbale, moyen pour constater le refus d'obéir (voir n° 11).

L'officier auxiliaire doit donner ses soins à laisser la victime dans la position où la consommation du crime l'a placée. Il doit veiller attentivement à ce que rien de ce qui l'entoure ne soit déplacé ou disparaisse jusqu'à *l'arrivée du procureur du roi et du juge d'instruction*. Cette mesure de surveillance est d'une sage application pour le plus grand nombre des crimes; non-seulement elle met à couvert la responsabilité de l'officier auxiliaire pour les premiers actes d'instruction criminelle qui sont de la plus haute importance; mais elle permet encore au procureur du roi et au juge d'instruction, magistrats chargés d'instruire l'affaire dans toutes ses périodes, de se pénétrer, par eux-mêmes, des circonstances apparentes du crime, et d'assister à l'examen du cadavre opéré par les hommes de l'art, dont ils ont le soin de requérir l'assistance.

La vue du théâtre du crime, dans son état complet,

ou tel qu'il a apparu, fait naître nécessairement, dans l'esprit des magistrats instructeurs, une conviction plus profonde, et doit exercer une influence salutaire sur les premiers actes d'instruction, comme sur les suites de la procédure criminelle.

Nous devons donc recommander la mesure que nous venons d'indiquer toutes les fois qu'elle sera d'une exécution possible.

45. (bis). *Au contraire*, si le temps, les lieux et les circonstances s'opposent à son application, alors, l'officier auxiliaire doit se pénétrer des mesures suivantes, et faire ses efforts pour en obtenir l'exécution la plus entière.

L'officier judiciaire doit faire cerner le lieu du crime, ordonner que personne ne s'en éloigne (1). Si le lieu est habité, ce moyen est le seul qui puisse concilier le respect dû *pendant la nuit* au domicile du citoyen, avec la mesure urgente d'empêcher l'évasion du prévenu ou la disparition des objets qui peuvent servir de pièces de conviction. Cette mesure a pour but de s'assurer aussitôt de bons témoignages et d'empêcher peut-être l'évasion du coupable parmi les personnes présentes;

« Recueillir les dernières paroles de la victime, si elle peut encore en proférer;

» Interroger avec soin le prévenu dans ce moment de trouble, où la vérité s'échappe plus facilement de sa bouche;

(1) Il pourra défendre (le procureur du roi) que qui que ce soit sorte de la maison ou *s'éloigne du lieu* jusqu'après la clôture de son procès verbal. — Tout contrevenant à cette défense sera, s'il peut être saisi, déposé dans la maison d'arrêt. (art 34, Code d'inst.)

C'est le seul cas où l'officier de police judiciaire auxiliaire peut décerner un mandat de dépôt (*Voir le modèle de mandat de dépôt à la page suivante au n° 46*).

» Interroger les parents, les amis, les voisins, sont autant de précautions qu'on ne saurait négliger sans de graves inconvénients. » (Circulaire de 1827, de M. le procureur-général de Riom.)

L'officier de police doit aussi constater par procès verbal les faits matériels, les circonstances locales qui ont entouré le crime, se saisir des instruments qui ont servi à le commettre, ainsi que des objets qui en portent des marques ou qui pourraient servir à mettre sur la voie du coupable.

Il doit procéder, en présence du prévenu, aux perquisitions jugées nécessaires à son domicile, comme au domicile de ses complices.

Si le prévenu est absent, un mandat d'amener sera décerné contre lui, et l'exécution en sera remise aux agents de la force publique, qui assisteront les opérations de l'officier de police judiciaire.

MODÈLE DE MANDAT D'AMENER (Voir n° 51).

Si l'examen de la personne homicidée par les hommes de l'art paraissait devoir promptement s'opérer pour

---

46. **MODÈLE DU MANDAT DE DÉPOT.**

Nous maire ou adjoint de la commune de canton de arrondissement de département de officier de police auxiliaire du procureur du roi, opérant conformément à l'article 32 du Code d'instruction criminelle ;

Vu l'art. 34 dudit Code d'instruction ;

Attendu que le nommé *(énoncer le nom s'il est connu)* est contrevenu à notre défense de s'éloigner du lieu du crime ;

Ordonnons à tous agents de la force publique de conduire à la maison d'arrêt de le nommé *(mettre exactement les noms et prénoms)*. Requérons le gardien de ladite maison d'arrêt de le recevoir et de le retenir en dépôt, jusqu'à ce qu'il en soit ordonné autrement sur les poursuites de M. le procureur du roi.

Fait à le

Sceau. ***Signature.***

cause de putréfaction du cadavre déjà avancée, ou comme base de mesures urgentes à prendre, l'officier de police auxiliaire doit requérir aussitôt l'assistance d'*un ou de deux médecins* les plus rapprochés du lieu du crime.

L'opinion des hommes de l'art est de la première importance; elle règle le plus souvent les mesures de la justice: il faut donc s'entourer de l'avis des médecins les plus éclairés, et dont le mérite est le plus reconnu. Dans le médecin expert, les connaissances médicales ne sont pas les seules qualités qui doivent fixer le choix de l'officier de police judiciaire.

La probité de l'homme de l'art et l'indépendance de son caractère sont le complément du bon choix du médecin expert. Sa tâche est délicate et majeure; le médecin expert rassure souvent la justice dans son action, ou dissipe les craintes d'un attentat mal à propos soupçonné.

47. MODÈLE DE RÉQUISITION.

Nous maire ou adjoint de la commune de canton de arrondissement de département de officier de police auxiliaire du procureur du roi;

Vu l'article 44 du Code d'instruction criminelle;

Invitons M. médecin dans la commune de canton de de se transporter immédiatement dans notre commune au village de pour procéder à l'examen du cadavre du nommé mort assassiné ou présumé décédé de mort violente.

Fait à le l'an

Signature.

Préalablement à l'opération, l'homme de l'art doit prêter serment entre les mains de l'officier judiciaire de procéder, en son honneur et conscience, à l'opération qui lui est confiée.

Le procès verbal de l'officier judicaire doit faire mention de la prestation de ce serment.

Cette mention, au procès verbal, est générale et nécessaire *pour tous experts* opérant pour la justice.

Le premier mérite d'un procès verbal est d'être dans sa rédaction *clair*, *bref et précis*.

Il doit représenter les circonstances du fait criminel, et contenir le récit fidèle de tout ce qu'a fait l'officier de police judiciaire.

Les pièces de conviction doivent y être détaillées et décrites.

Elles doivent être soigneusement *pliées*, *fermées et scellées*, suivant la nature des objets qui en composent le nombre.

Le procès verbal est signé à chaque feuillet par l'officier de police judiciaire; l'article 42 du Code d'instruction criminelle veut également qu'il soit signé de la même manière par les témoins qui auront assisté au procès verbal du procureur du roi, qui peut cependant dresser les procès verbaux sans assistance de témoins, lorsqu'il n'y aura pas possibilité de s'en procurer tout de suite.

Les témoins désignés par l'art. 42, sont le commissaire de police de la commune dans laquelle le crime ou le délit aura été commis, le maire, l'adjoint ou deux citoyens domiciliés dans la même commune.

Evidemment, cette dernière disposition de loi nous paraît avoir pour seul but la garantie donnée au prévenu que l'opération d'un officier de police judiciaire dont la personne peut lui être inconnue, sera légalement et régulièrement faite.

Mais le maire ou l'adjoint de la commune, opérant en personne, donne toute garantie au prévenu de la légalité de ses actes. La personne des magistrats du lieu ne peut être inconnue aux habitants de ce lieu; ainsi, toute assurance d'opération régulière est acquise au prévenu domicilié dans la commune où le maire ou l'adjoint opère.

Nous estimons, par conséquent, que les officiers de police judiciaire auxiliaire dont il s'agit sont dispensés d'appeler des témoins à leurs opérations et rédaction de procès verbaux, autres que les personnes présentes et dont ils peuvent cependant, pour plus d'authenticité de leurs opérations, requérir la signature au procès verbal.

48. MODÈLE DE PROCÈS VERBAL DÉTAILLÉ (1).

L'an le du mois de

Nous, maire ou adjoint de la commune de canton de arrondissement de département de

En notre qualité d'officier de police auxiliaire du procureur du roi, et agissant en cas de flagrant délit, en conformité aux articles 42, 49 et 50 du Code d'instruction criminelle;

Instruit par la déclaration du nommé A...

Ou par l'avis qui nous en a été donné;

Ou par la clameur publique;

Qu'un homicide a eu lieu sur la personne du nommé Antoine B..., domicilié au village de...., en cette commune.

Nous nous sommes transporté au lieu à nous indiqué, et l'homicide ayant été commis dans sa maison, nous en avons fait garder l'extérieur et les issues, avec défense à qui que ce fût de sortir de la maison, et de s'éloigner du lieu jusqu'à la clôture de notre procès verbal.

(1) Nous recommandons à l'attention des officiers auxiliaires le modèle de ce procès verbal, dont nous avons choisi l'exemple parmi les cas les plus graves de l'instruction criminelle.

Sans doute, on comprendra que les circonstances d'un attentat de la même nature, ou d'un crime d'une autre espèce, devront nécessairement changer ou modifier certaines parties du procès verbal.

La série des modèles d'actes qui viennent à la suite est d'une application générale dans l'instruction criminelle; il suffira, par conséquent, à chaque crime énuméré, de renvoyer à ces mêmes modèles qui seront au besoin des guides faciles à suivre.

Arrivé dans un appartement à droite donnant sur la cour aspect du nord, nous avons trouvé réunis les nommés Etienne C... et David M..., et un individu que l'on nous a indiqué comme étant celui qui a été arrêté par les susnommés.

Sur notre interpellation, cet individu a déclaré se nommer Jacob R..., domicilié à..... en cette commune.

Nous avons recommandé de veiller sur ledit Jacob R..., de ne pas permettre qu'il communiquât avec personne, et qu'il pût détruire ou jeter des objets qui seraient suspects.

En présence du prévenu et des personnes ci-dessus dénommées, nous avons, ainsi qu'il suit, constaté le corps du délit et ses circonstances.

Nous avons été introduit, par les gens de la maison, dans une seconde pièce donnant sur le jardin, aspect de midi. Nous avons vu sur un lit, dont les draps, la couverture et les matelas étaient couverts de sang, un cadavre que le nommé Pierre V..., domestique de la victime, et lesdits Etienne C... et David M..., ses voisins, nous ont déclaré être celui du sieur Antoine B..., ce que nous-même avons également reconnu.

Nous avons ordonné à Jacob R... de s'approcher du lit; mais en présence du cadavre dont il a reconnu l'identité, une émotion visible a paru sur ses traits.

Le cadavre était couché sur le dos, vêtu d'une simple chemise et coiffé d'un mouchoir; la chemise et le mouchoir sont teints de sang; la partie de la chemise portant sur la poitrine est déchirée, et laisse apercevoir une blessure profonde dans la région du cœur.

A peu de distance du lit, était à terre un couteau-poignard. Ce couteau porte le nom de C..., coutelier à Paris. La lame, teinte de sang, a centimètres de longueur, et centimètres de largeur.

Dans le corridor qui conduit à la chambre à coucher du défunt, était posée à terre une lanterne sourde. Dans cette lanterne, était un bout de chandelle presque consumé.

Ce corridor est éclairé par une fenêtre donnant sur le jardin, et dont l'ouverture paraît s'être opérée en brisant un carreau. La fenêtre est à un mètre d'élévation du sol. Tous les appartements se trouvent au rez-de-chaussée. La terre, humide et mouillée par la pluie, laisse apercevoir des empreintes de pas au-dessous de la fenêtre du corridor, par où évidemment les assassins ont pénétré dans la maison. L'empreinte de la chaussure indique un soulier qui a laissé la marque bien apparente de trois clous à la semelle.

Aussitôt que nous avons eu connaissance du crime que nous constatons, nous avons pensé devoir nous aider, dans nos opérations, de l'assistance de deux hommes de l'art les plus rapprochés du lieu de l'événement. En conséquence, sur notre réquisition (voir le modèle n° 47) MM. S... et P..., docteurs en médecine, se sont rendus à notre invitation.

Requis par nous de procéder à l'examen des causes de la mort du sieur Antoine B..., ils ont prêté entre nos mains le serment de faire leur rapport et de donner leur avis en leur honneur et conscience.

L'examen extérieur du cadavre terminée et l'autopsie cadavérique achevée, les hommes de l'art nous ont déclaré que la cause de la mort du sieur Antoine B... provenait d'une blessure qui avait profondément blessé l'organe du cœur, et qui avait été faite par le moyen d'un instrument tranchant.

Que le couteau-poignard trouvé à peu de distance du lit du défunt, était l'arme dont s'était servi l'assassin, puisque la lame, teinte de sang, s'adaptait très-bien à la largeur de la plaie extérieure et intérieure.

Ils ont ajouté que l'examen extérieur du cadavre leur avait fait remarquer un gonflement au cou provenant d'une forte pression que cette partie avait dû éprouver. Les doigts de la main droite étaient crispés, et une tache de sang se faisait remarquer dans l'intérieur du prolongement de l'ongle de l'index. De ces indications, les hommes de l'art ont déclaré devoir conclure que la victime, subitement saisie au cou et fortement pressée, avait voulu repousser son agresseur, et que le sang qu'on remarquait au dessous du prolongement de l'ongle de l'index, provenait, indubitablement, d'une égratignure faite à l'assassin.

Nous avons de suite ordonné que l'individu arrêté fût conduit en notre présence, et nous avons requis les hommes de l'art de visiter sa personne. A la première vue, il a été facile de remarquer qu'il portait à la joue droite une légère écorchure, et plusieurs taches de sang se voyaient sur ses vêtements. S'étant mis aussitôt en devoir d'opérer l'examen requis par nous, les médecins nous ont déclaré que la blessure qui existait sur la joue du prévenu était récente, et avait été faite par un corps dur, tranchant et déchirant, tel qu'un ongle ou une épine; que, de l'inspection du cadavre, ils étaient portés à conclure que la marque de sang remarquée au-dessous du prolongement de l'ongle de l'index de la main droite, provenait de la blessure existant sur la joue de la personne soumise à leur examen, et que les taches de sang sur ses vêtements, encore fraîches, ne pouvaient laisser aucun doute que cet individu ne fût l'auteur de l'assassinat que nous constatons.

A notre interpellation, le prévenu s'est borné à répondre qu'il n'était pas l'auteur de la mort du sieur Antoine B..., et il a refusé toute réponse aux autres questions que nous lui avons adressées. De suite nous avons ordonné qu'il fût conduit dans le jardin où nous avions constaté des empreintes de pas. Nous étant emparé des souliers dont il était chaussé, nous avons en effet reconnu que le soulier du pied droit portait trois clous. Nous avons fait l'application du soulier sur les empreintes des pas, et cette application a répondu entièrement à la longueur et à la largeur du soulier. Les clous se sont aussi parfaitement adaptés à la marque des clous figurés sur la terre.

Ces premiers faits constatés, nous avons visité l'appartement où le crime a été commis. Rien n'attestait l'apparence du désordre; mais arrivé en face d'un bureau placé près de la fenêtre, nous nous sommes aperçu que le meuble avait été fracturé, et que son tiroir principal avait été forcé à l'aide d'un instrument dont on s'était servi comme d'un levier, lequel objet nous n'avons pas trouvé.

Le tiroir était vide, et il nous a été attesté que le défunt, propriétaire aisé, avait l'habitude de placer son argent dans ce tiroir.

Continuant nos informations, nous avons interrogé les personnes présentes. Les nommés Etienne C... et David M... nous ont déclaré qu'avant le jour, ils ont été attirés par des cris partant de la maison du sieur Antoine B..., leur voisin, et qu'ayant accouru, ils se sont trouvés bientôt en face d'un homme qui sortait de ladite maison, et qu'aussitôt, ils se sont mis en devoir de l'arrêter. Ils ont ajouté qu'ils ont aperçu une seconde personne s'éloignant de la maison; mais que le jour à peine apparent n'avait pas permis de reconnaître l'individu qui s'éloignait précipitamment.

Convaincu que cette personne ne pouvait être que le complice du nommé Jacob R..., nous nous sommes empressé d'obtenir les renseignements qui pourraient nous en découvrir les traces, et il est résulté des renseignements dont nous nous sommes à l'instant entouré, que, dans la journée qui a précédé le crime, le nommé Jacques E..., voisin du prévenu, a été constamment à sa compagnie. Sur cette indication grave, nous nous sommes de suite transporté au domicile de cet individu, accompagné des personnes qui seront ci-après dénommées au présent procès-verbal, et après avoir recommandé la personne du prévenu arrêté.

Arrivé au domicile dudit Jacques E..., nous avons pénétré dans l'intérieur de sa maison, et nous adressant à Marguerite F..., sa femme, nous avons demandé à parler à son mari. Marguerite F... nous a répondu que son mari était absent depuis la veille, et que des affaires de famille l'avaient appelé auprès de son père habitant au hameau de . . . . . de la même commune, et distant d'un myriamètre environ.

En conséquence des circonstances qui nous ont été signalées, nous avons décerné nn mandat d'amener (*voir le modèle n° 51*) contre ledit Jacques E... dont l'exécution immédiate a été ordonnée au sieur Guillaume L..., garde-champêtre de la commune, accompagné de deux gardes nationaux (*ou de tous autres agents de la force publique*).

Pendant le temps nécessaire à l'exécution du mandat décerné par nous, nous avons continué nos informations, et nous sommes resté au domicile dudit Jacques E... pour exercer notre surveillance, à l'effet que rien ne fût détourné de son domicile. Le temps voulu pour l'exécution du mandat s'étant écoulé, les agents chargés de son exécution nous ont remis ledit mandat d'amener, et la signification au domicile du père dudit Jacques E... qui n'a pas été trouvé au domicile indiqué.

L'*absence du prévenu ne pouvant* autoriser plus long-temps le délai de la recherche domiciliaire qui devenait urgente, nous nous sommes mis en devoir de procéder à cette opération hors de sa présence.

Nous avons ordonné en conséquence à Marguerite F..., femme E..., de nous ouvrir les différents meubles qui garnissaient sa maison, et les recherches minutieuses que nous avons opérées dans les meubles, n'ont amené aucune découverte; mais ayant poussé nos investigations dans plusieurs autres endroits de la maison, et particulièrement dans un lit placé dans la pièce principale de la maison, nous avons découvert, dans la paillasse dudit lit, un sac de toile grise contenant une somme d'argent.

Ce sac remis entre nos mains, nous en avons examiné le contenu, compté les espèces, qui se sont montées à la somme de

500 fr. en pièces de 5 fr., et deux pièces d'or de 20 fr., somme exactement la même que celle indiquée par une note renfermée dans le sac, et dont l'écriture a été reconnue pour être celle du sieur Antoine B...

Nous avons demandé à Marguerite F..., femme E..., d'où provenait cet argent trouvé à son domicile, et pourquoi il était caché dans la paillasse du lit. A cette demande, elle nous a répondu qu'elle ignorait avoir cette somme d'argent chez elle, et que sans doute, méchamment et pour compromettre son mari, on avait introduit le sac à l'endroit où il s'est trouvé.

Ne pouvant découvrir d'autres indices de la complicité du crime que nous venons de constater, nous avons quitté le domicile du nommé Jacques E... Nous nous sommes de nouveau rendu au lieu du crime; nous avons fait apporter un nouvel habillement à l'individu arrêté, et nous nous sommes emparé des habits qui le couvraient. Ces effets se composent d'un pantalon, d'un gilet, d'une veste et d'une chemise. Tous ces objets sont plus ou moins tachés de sang.

Nous avons formé un seul paquet de tous ces effets, que nous avons entouré d'une bande de papier signée par nous et empreinte de notre sceau.

Nous avons mis à part le sac d'argent, et nous avons remis dans le sac, avec les espèces, le papier écrit qu'il contenait. Nous avons également placé, au nœud du lien qui ferme le sac, une bande de papier signée par nous et empreinte de notre sceau sur cachet de cire rouge.

Tous ces objets seront immédiatement adressés à M. le procureur du roi comme pièces de conviction; l'individu arrêté sera conduit, sur notre réquisition (voir le modèle nº 66) par devant ce magistrat, et le mandat d'amener non exécuté, rapports des médecins et autres documents joints audit procès verbal, pour lui être également transmis par la voie la plus prompte.

(Voir, en cas de besoin, les modèles des actes des numéros 63, 69, 70, 71. — 60, 61, 62. — 67, 64.)

Le présent procès verbal de notre opération fait et clos lesdits jour et an que dessus, en présence des sieurs . . . . qui ont signé avec nous à toutes les pages (*ou qui ont déclaré ne savoir signer, à l'exception de*).

Le maire ou l'adjoint,

(*Signature.*)

La rédaction du procès verbal détaillé que nous venons d'offrir pour modèle devait nécessairement reproduire différentes phases de faits à constater. La complicité que nous avons introduite dans notre espèce, nous a conduit à constater une perquisition domiciliaire que devait précéder une délivrance d'un mandat d'amener, contre le complice absent de son domicile, puisque sa présence ailleurs était indiquée ; le cas serait le même, si le lieu de sa présence était connu *de toute autre manière.*

49. Mais nous observons que l'exécution de la mesure de la visite domiciliaire et de la délivrance du mandat d'amener, ainsi que cela ressort des termes de notre procès verbal, n'est possible de la part de l'officier auxiliaire que dans l'étendue de sa juridiction, c'est-à-dire sur le territoire de sa commune ; par conséquent, si le domicile du prévenu ou du complice était placé dans une autre commune, ou que l'un ou l'autre se fût réfugié dans une commune autre que celle de son domicile où le crime a été commis, l'officier de police auxiliaire du lieu du crime n'est plus compétent pour procéder à des perquisitions au domicile du prévenu, et son mandat n'est plus exécutoire hors des limites de sa juridiction.

50. Cependant l'action de la justice suspendue dans ses mains, peut bientôt reprendre son cours, dans la personne du maire ou de l'adjoint de la commune où se trouve le domicile ou la présence du prévenu ou du complice, suivant les termes et l'esprit de l'article 23 du Code d'instruction criminelle. Il importe alors que l'officier de police auxiliaire, dont les pouvoirs cessent, transmette de suite la connaissance du crime et tous autres documents à l'officier de police qui pourra exercer les mesures urgentes, et dont l'exécution prompte serait jugée importante.

51. MODÈLE DE MANDAT D'AMENER.

Nous maire ou adjoint de la commune de arrondissement de département de agissant comme officier de police judiciaire auxiliaire du procureur du roi, et procédant conformément aux articles 49 et 50 du Code d'instruction criminelle, en cas de flagrant délit ;

Ordonnons au sieur agent de la force publique, d'amener pardevant nous le nommé prévenu du crime de *(énoncer le crime)* ledit prévenu se trouvant actuellement au village de chez le nommé ou en tout autre lieu de cette commune ;

A l'effet de s'expliquer et d'être entendu sur le crime qui lui est imputé.

Requérons tout dépositaire de la force publique de prêter main-forte, si besoin est, pour l'exécution du présent mandat d'amener, que nous avons signé et marqué de notre sceau.

A le l'an.

Sceau. *Signature.*

L'agent de la force publique chargé de l'exécution du mandat décerné par l'officier de police auxiliaire, certifiera, au dos dudit mandat, que son exécution n'a pu s'opérer, et dans le cas où le prévenu fût trouvé et conduit pardevant l'officier de police auxiliaire, ce dernier doit procéder de suite à son interrogatoire, ainsi que le prescrit l'article 40 du Code d'instruction criminelle.

52. MODÈLE D'INTERROGATOIRE DU PREVENU (1).

Nous maire ou adjoint de la commune de arrondissement de département de ,

(1) Il ne peut nous appartenir que d'indiquer la marche à suivre dans cet acte, comme en général dans tous les actes d'instruction. A cet égard, notre observation doit être la même que celle contenue dans la note du modèle n.o 48, et nous ajouterons seulement que ce mode d'interrogatoire sera toujours utilement suivi vis-à-vis même des prévenus

en vertu de notre mandat d'amener, décerné par nous, aujourd'hui le contre le nommé (*indiquer le nom*) prévenu du crime (*en énoncer la nature*).

Ledit prévenu conduit pardevant nous, avons de suite procédé à son interrogatoire de la manière suivante :

Demande :

Quels sont vos noms, prénoms, âge et domicile?

Réponse.....

D. Depuis quelle époque êtes-vous absent de votre domicile?

R.........

D. Dans la journée d'hier, qu'avez-vous fait ou quelles ont été vos occupations? etc., etc., etc.

R.........

Fait et clos, le nommé........ prévenu a signé avec nous (ou a déclaré ne savoir signer).

A le

Signature.

53. C'est un principe déjà établi, qu'en cas de flagrant délit, la puissance d'agir devient commune à tous les officiers de police judiciaire.

Les pouvoirs exceptionnels que la loi confère au procureur du roi, dans les cas prévus par l'art. 41 du Code d'instruction criminelle, se trouvent reproduits dans les dispositions des articles suivants du Code d'instruction.

Dans le cas de flagrant délit, ou dans le cas de réquisition de la part d'un chef de maison, ils dresseront (les officiers de police auxiliaire du procureur du roi compris dans l'art. 49) les procès verbaux, *recevront les déclarations des témoins*, *feront les visites et les autres actes*

arrêtés en flagrant délit. Le procès verbal constatant le corps du délit, ne doit contenir autant que possible que les demandes les plus urgentes adressées au prévenu. C'est agir sagement que de séparer ces deux actes d'instruction, pour éviter toute confusion, et pour les rendre plus précis et plus clairs.

qui sont auxdits cas de la compétence des procureurs du roi, le tout dans les formes et suivant les règles établies au chapitre des procureurs du roi (art. 49).

Les maires, adjoints de maires et les commissaires de police, recevront également les dénonciations, *et feront les actes énoncés en l'article précédent, en se conformant aux mêmes règles* (art. 50).

54. La déclaration des témoins doit être constatée ; cette opération ne doit pas être omise, et le moins possible retardée. Les premiers moments de l'action criminelle sont toujours propices à la connaissance de la vérité.

Il est généralement reçu que l'information faite par le procureur du roi ou par ses auxiliaires, n'est considérée, dans la procédure criminelle, qu'à titre de renseignement.

55. Cependant, il existe une disposition dans l'article 60 du Code d'instruction, qui permet au juge d'instruction de refaire les actes, ou ceux des actes qui ne lui paraîtraient pas complets.

Les termes de cet article doivent nécessairement s'appliquer à certains actes émanant du procureur du roi ou de ses auxiliaires, et leur attribuer un caractère plus sérieux. En effet, la loi permettant au juge d'instruction de les maintenir, nous devons en conclure que l'appréciation du juge d'instruction ne fait que sanctionner la force que la loi d'abord leur attribue.

Les procès verbaux constatant le corps du délit, l'état des lieux, l'interrogatoire du prévenu, les recherches matérielles du crime ou délit dans les visites domiciliaires ou autres lieux, sont les actes d'instruction dont la nature s'approprie le plus aux fonctions des officiers de police judiciaire ; aussi, c'est à ce genre d'actes que nous croyons devoir appliquer les dispositions de l'art. 60 du Code d'instruction criminelle, lorsqu'ils sont admis par le juge instructeur.

56. Nous disons qu'il en sera autrement pour les procès verbaux contenant l'audition des témoins qui seront toujours renouvelés par le juge d'instruction, et la raison de décider ainsi nous paraît résulter principalement de la formalité du serment dont la solennité sacrée s'appuie, dans les lois, du caractère élevé du juge seul.

57. MODÈLE DE PROCÈS VERBAL DE DÉCLARATIONS DE TÉMOINS.

L'an mil et le du mois

Nous, maire ou adjoint, officier de police judiciaire auxiliaire du procureur du roi;

Procédant par continuation des procès verbaux de ce jour, nous avons constaté les témoignages des personnes ci-après dénommées, relativement au crime *ou délit* objet de l'instruction.

Se sont présentés volontairement les nommés :

1° Jacques B...

2° Pierre A...

3° Jean C...

Le premier témoin, Jacques B... âgé de domicilié à

Déclare (*Rendre compte le plus clairement possible des renseignements donnés par le témoin.*)

En conséquence de sa déclaration, ledit Jacques B... a signé avec nous ladite déclaration (ou a déclaré ne savoir signer).

Signatures.

Le second témoin, Pierre A... âgé de domicilié à...

Déclare (*Rendre le même compte fidèle de sa déclaration avec les mêmes formalités que dans la déclaration précédente.*)

Le troisième témoin (*ainsi de suite.*)

De tout quoi nous avons dressé le présent procès verbal qui sera joint aux pièces et documents, pour être transmis à M. le procureur du roi pour valoir ainsi que de droit, et avons signé.

Signature.

58. L'envoi immédiat des actes d'instruction faits par l'officier de police auxiliaire, est prescrit par l'art. 53 du Code d'instruction criminelle.

Les officiers de police auxiliaire renverront *sans délai les dénonciations, procès verbaux* et autres actes par eux faits, dans le cas de leur compétence, *au procureur du roi,* qui sera tenu d'examiner sans retard les procédures, et de les transmettre, avec les réquisitions qu'il jugera convenables, au juge d'instruction (art. 53).

59. La translation du prévenu au chef-lieu d'arrondissement doit s'opérer avec la même célérité. Un trop long délai, s'il n'était justifié par aucune circonstance, dégénérerait en détention arbitraire (Réq. modèle no 66).

60. Si des circonstances majeures nécessitent le séjour du prévenu, sous mandat d'amener, l'art. 10 du décret du 18 juin 1811 a prévu le besoin de la délivrance d'aliments et autres objets de première nécessité, et il en règle le mode de délivrance.

Les aliments et autres secours indispensablement nécessaires aux *prévenus* ou accusés pendant leur translation, leur seront fournis dans les prisons et maisons d'arrêt des lieux de la route.....

Dans les lieux où il n'*y a point de prisons*, les officiers municipaux feront faire la fourniture des *aliments* et *autres objets*, et le remboursement en sera fait aux fournisseurs, comme frais généraux de justice (Art. 10).

61. L'administration de l'enregistrement continuera

de faire l'avance des frais de justice criminelle (art. 1er du décret du 18 juin 1811).

L'enregistrement en opère le payement sur le vu du mandat taxé de l'officier public qui a le droit de requérir les objets considérés comme frais urgents de justice.

62. Les frais urgents seront acquittés sur simple taxe et mandat du *juge*, mis au bas *des réquisitions*, copies de convocations ou de citations, *états* ou *mémoires* des parties (art. 135 du décret du 18 juin 1811).

Une décision ministérielle du 10 novembre 1812, a décidé que l'expression de juge ne doit pas être prise dans l'acception rigoureuse du terme, et que la disposition de cet article peut s'étendre aux *officiers du ministère public*, et par conséquent aux *auxiliaires* lorsqu'ils opèrent dans le cercle de leurs attributions.

Nous observons que toutes les circonstances qui motivent les différentes réquisitions dont nous indiquons à la suite les modèles, sont considérées comme frais urgents, aux termes de l'art. 134 du décret de 1811.

63. MODÈLE DE RÉQUISITION

POUR DÉLIVRANCE D'ALIMENS OU AUTRES OBJETS DE 1re NÉCESSITÉ (1).

Nous maire ou adjoint de la commune de
arrondissement de département de

(1) Les objets de première nécessité peuvent résulter d'une indisposition subite qui réclamerait certains remèdes, des vêtements indispensables, tels, par exemple, qu'un pantalon, une chaussure aux pieds, etc., etc... A cet égard, une décision du ministère de la justice, du 4 novembre 1820, vient à l'appui de l'art. 10 du décret de 1811; d'ailleurs, il doit être dans l'esprit de la loi de prévoir ces actes d'humanité; elle devait en laisser les moyens d'exécution à l'officier public.

La marche à suivre serait la même pour tout modèle, en changeant le nom du fournisseur, et la nature de la chose fournie et délivrée.

Vu l'article 10 du décret du 18 juin 1811 ;

Requérons le nommé boulanger dans cette commune, de délivrer un pain du poids de pour servir à la nourriture du nommé prévenu, en état de mandat d'amener.

Fait à le

Sceau. *Signature.*

Ecrire à la suite du modèle du réquisitoire ci-dessus, ou à la suite du mémoire fourni le modèle suivant :

64. MODÈLE DE TAXE.

Nous maire ou adjoint de la commune de

Vu l'article 133 du décret du 18 juin 1811, avons taxé à la somme de le sieur *(Indiquer les objets qui ont été fournis, et à quelle fin ils ont été employés);* ou bien déclarons approuver le mémoire fourni qui se monte à la somme de

Ordonnons que ladite somme sera payée sur les frais de justice criminelle par le receveur de l'enregistrement au bureau de

Fait à le

Sceau. *Signature.*

65. Les prévenus ou accusés seront conduits à pied par la gendarmerie (Art 4 du décret de 1811), *ou par tous autres agents de la force publique.*

66. MODÈLE DE RÉQUISITOIRE DE TRANSLATION DU PRÉVENU.

Nous maire ou adjoint de la commune de arrondissement de département de

Vu l'article 25 du Code d'instruction criminelle ;

Requérons le commandant de la gendarmerie à la résidence de ou le commandant de la garde nationale de ou le garde champêtre de la commune, assisté *(indiquer les personnes qui seraient requises pour prêter main-forte),* de transférer le nommé (*énoncer le nom et le crime ou délit dont il est prévenu*).

Pardevant M. le procureur du roi de l'arrondissement de

Fait à le

Sceau. *Signature.*

Néanmoins, ajoute l'art. 4 du décret de 1811, ils pourront (les prévenus) si des circonstances extraordinaires l'exigent, être transférés, soit en voiture, soit à cheval, sur les réquisitions motivées de nos officiers de justice.

67. Ces derniers termes nous autorisent à penser que la réquisition motivée des officiers de justice doit suffire, lorsqu'il est difficile de se procurer un certificat de médecin pour constater l'impossibilité du prévenu de voyager à pied. La disposition de l'article 5 du décret de 1811, prescrivant cette formalité, nous paraît *démonstrative* pour les cas ordinaires.

Dans les localités où le service des transports militaires ne sera point organisé, les réquisitions seront adressées aux officiers municipaux qui y pourvoiront par les moyens ordinaires et *aux prix les plus modérés* (Article 6, décret de 1811).

68. MODÈLE DE RÉQUISITOIRE DE TRANSLATION DE PRÉVENU NE POUVANT S'OPÉRER A PIED.

Nous maire ou adjoint de la commune de arrondissement de département de

Vu les articles 2, 4 et 6 du décret du 18 juin 1811;

Attendu que le nommé prévenu de se trouve dans l'impossibilité de voyager à pied (*en indiquer les motifs*).

Ou s'il a été visité par un médecin, il suffira de dire: (*Ainsi que cela résulte du certificat ci-joint délivré par M. médecin.*)

Requérons le nommé domicilié dans cette commune, de fournir un cheval et une voiture *(ou l'une de ces deux choses)* pour effectuer le transport dudit prévenu, pardevant le procureur du roi de l'arrondissement de

Fait à le

Signature.

69. Les procédures et les effets pouvant servir à conviction, seront transportés par les gendarmes (*ou par tous autres agents de la force publique*) chargés de la conduite des prévenus ou accusés.

Si, à raison du poids ou du volume, les objets ne peuvent être transportés par les gendarmes, ils le seront d'après un ordre par écrit du magistrat, qui ordonnera le transport, soit par les messageries, soit par les entrepreneurs des transports et convois militaires, soit par toute autre voie plus économique, sauf les précautions convenables pour la sûreté des objets (Art. 9 décret de 1811).

Les dispositions de l'art. 6 du décret de 1811 sont dans ce cas également applicables, et autorisent la réquisition suivante au prix le plus modéré.

70. MODÈLE DE REQUISITION.

Nous maire ou adjoint de la commune de
arrondissement de département de

Vu les articles 6 et 9 du décret du 18 juin 1811, requérons le nommé demeurant de transporter avec sa voiture ou son cheval, au greffe du tribunal de première instance séant à

Une caisse ou un paquet ficelé, du poids de kilogrammes, revêtu d'une bande de papier portant notre sceau, et contenant *(énumérer les objets)* pièces de conviction saisies dans l'affaire du nommé prévenu *(énoncer le fait criminel)*.

Fait à le

Signature.

A la suite des réquisitions dont nous venons de donner les deux modèles, l'officier de police mettra la taxe dont le modèle suit, d'après la nature du transport qu'il aura requis.

71. MODÈLE DE TAXE.

Nous maire ou adjoint de la commune de canton de arrondissement de département de

Avons taxé le nommé sur sa demande, en vertu du règlement du 18 juin 1811, à la somme de prix convenu pour avoir transporté le prévenu désigné dans notre réquisitoire ci-dessus *(ou les objets pièces de conviction énumérées)*; ordonnons que ladite somme de sera payée sur les frais de justice criminelle par le receveur de l'enregistrement, au bureau de

Ledit nommé a signé avec nous, ou *a déclaré ne savoir signer.*

Fait à le

Sceau. *Signature.*

Ces deux actes, transcrits sur papier ordinaire et à la suite l'un de l'autre, seront faits par *duplicata* pour joindre la copie aux pièces de la procédure criminelle.

72. Pour les frais d'exhumation des cadavres, on suivra les tarifs locaux (Art. 26 décret de 1811).

Si, pour ce genre d'opération, il n'existe pas de tarif, il est reçu de taxer à raison du prix de la journée de travail à l'usage du lieu.

Les officiers de police auxiliaire devront procéder rarement à cette mesure, mais l'art. 20 et la règle du prix de la journée de travail à l'usage du lieu, contiennent un principe général à suivre, lorsqu'on a employé des hommes de journées, manœuvres ou artisans, à tout autre titre qu'à titre d'experts.

73. Le payement du salaire qui leur est dû comme

frais urgents, aux termes de l'art. 134 du décret de 1811, doit être fait également sur mandat taxé, transcrit de même sur papier ordinaire, et à la suite de la réquisition. (Art. 133, décret de 1811).

74. MODÈLE DE RÉQUISITION.

Nous maire ou adjoint de la commune de
canton de arrondissement de département de

Vu l'article 20 du décret du 18 juin 1811;

S'il s'agit d'une exhumation *(l'énoncer)*.

S'il s'agit de toute autre opération, par exemple de fouilles et autres travaux, dire :

Attendu qu'il est urgent de procéder *(énoncer les travaux manuels à faire)*;

Requérons le nommé ouvrier journalier, de se transporter au lieu de pour opérer sur notre indication.

Fait à le

Signature.

75. MODÈLE DE TAXE.

Nous maire ou adjoint de la commune de
canton de arrondissement de département de

Vu les articles 133 et 134 du décret du 18 juin 1811 ;

Avons taxé sur sa demande le nommé ouvrier, domicilié en cette commune, à la somme de prix de la journée de travail en usage sur les lieux, et vu la nature des travaux exécutés par lui sur notre réquisition ;

Ordonnons que ladite somme de sera payée sur les frais de justice criminelle par le receveur de l'enregistrement au bureau de

Ledit a signé avec nous, *ou a déclaré ne savoir signer.*

Sceau. *Signature.*

Les maires et adjoints, en leur qualité de fonctionnaires administratifs et judiciaires, sont aptes à régulariser tous ces actes, et nous devons terminer la série des modèles dont nous avons reconnu le besoin et l'utilité, en rappelant ce que nous avons dit précédemment, qu'obéissance est due à toute réquisition de la part de ces fonctionnaires, sous les peines de l'art. 475 du Code pénal (Voir les n°s 8, 9, 10, 11).

Il en serait autrement, si la profession de la personne requise était toute intellectuelle. Ainsi, par exemple, le refus d'un médecin d'obtempérer à la réquisition de l'officier de justice, ne le rend pas passible des peines de l'art. 475. Les devoirs de sa profession élevée font présumer que ce refus de sa part n'est pas sans motifs sérieux. L'intérêt public d'ailleurs exige que, dans une opération de l'esprit, opération alors toute morale, celui qui opère soit libre d'accepter la confiance qui lui est donnée.

Les honoraires des médecins, officiers de santé et sages-femmes, suivant les règlements du ministre de la justice, et les modèles des mémoires fournis à la suite, ne sont pas considérés comme frais urgents; mais nous pensons que les fournitures faites en médicaments, par un homme de l'art, sont frais urgents de leur nature. Ce sont des déboursés dont il est juste de récupérer le plus tôt possible les avances, et l'art. 19 du décret du 18 juin 1811 nous paraît se reproduire dans l'article 134 du même décret, qui considère toute dépense de fournitures comme frais urgents (*Dans ce cas, voir les instructions et les modèles de taxe des fournitures, ci-avant*).

La déchéance est encourue, pour le payement de tout mémoire de frais qui n'est pas présenté à la taxe du juge (*ou de l'officier compétent*), *dans l'année*, à partir de l'époque à laquelle les frais auront été faits, ou dont le payement n'aura pas été réclamé dans les *six mois* de leur date, à moins qu'il ne soit justifié que ces retards ne sont pas imputables à la partie dénommée dans l'exécutoire (Art. 149, décret de 1811, et ordonnance du 28 novembre 1838).

76. INFANTICIDE.

Est qualifié infanticide le meurtre d'un enfant nouveau-né (Art. 300 Code pénal).

Cet article est applicable, quel que soit l'auteur de la mort de l'enfant nouveau-né.

L'officier auxiliaire recueillera promptement les circonstances qui peuvent établir l'infanticide.

Il se transportera, sans délai, auprès de la personne accouchée, si le crime a été commis par elle, ou si elle est gravement soupçonnée d'en être l'auteur.

Il doit conserver avec soin les linges qui enveloppaient l'enfant, et dans les perquisitions domiciliaires qui seraient faites, l'officier judiciaire doit rechercher minutieusement les linges teints de sang, ou empreints d'autres matières indices d'accouchement.

L'examen médical établira si l'enfant est né à terme, et s'il est né viable. Les hommes de l'art requis (voir modèle n° 47) auront également à porter leur attention sur l'état physique de la personne présumée accouchée, et qui nierait son accouchement.

Cette visite doit avoir lieu le plus promptement possible; quelques jours écoulés peuvent suffire pour faire disparaître des indices physiques d'un accouchement récent.

Ce crime est malheureusement très-ordinaire, et il reste très-souvent impuni ; il fixera, par conséquent, d'une manière toute particulière, l'attention des officiers de police auxiliaire.

(Voir mesures à prendre nos 45 (bis), 46 (bis) et suiv.)

(Modèles, voir n°s 47, 48, 51, 52, 57, 63, 64, 66, 68, 70, 71, 74, 75.)

77. EMPOISONNEMENT.

Est qualifié empoisonnement tout attentat à la vie d'une personne par l'effet de substances qui peuvent donner la mort plus ou moins promptement, de quelque manière que les substances aient été employées ou administrées, et quelles qu'en aient été les suites. (Article 301 Cod. p.)

Les termes de cet article démontrent que l'empoisonnement d'une personne peut s'opérer de différentes manières. En effet, des calculs de crime longuement prémédités peuvent occasionner la mort de la victime par des moyens moins prompts qu'en administrant une boisson empoisonnée à forte dose.

La nature des moyens qui peuvent arriver à ce crime réclame l'attention intelligente de l'officier auxiliaire.

Une mort extraordinaire ou subite, la mauvaise réputation des personnes qui ont entouré le malade, le caractère vicieux publiquement reconnu d'une personne qui a approché le malade, les intérêts qui les unissaient au défunt, sont des éléments d'observation qu'il ne faut pas négliger.

On donnera immédiatement connaissance au procureur du roi des soupçons qu'on aurait (mesures générales à suivre, voir n°s 45 (bis), 46 (bis) et suiv.

Les vases et autres objets imprégnés de substances vénéneuses, ainsi que les fragments qui en subsisteraient, doivent être saisis.

Si des vomissements se sont opérés chez le malade, on doit en faire recueillir avec soin toutes les matières, pour les soumettre à l'analyse chimique.

Tous ces objets seront soigneusement clos et cachetés.

Le cadavre de la personne présumée morte empoisonnée, doit subir l'examen attentif des hommes de l'art.

(Modèles, voir nos 47, 48, 51, 52, 57, 63, 64, 66, 68, 70, 71, 74, 75.)

78. BLESSURES ET COUPS VOLONTAIRES NON QUALIFIÉS MEURTRE.

Sera puni de la réclusion tout individu qui, volontairement, aura fait des blessures et porté des coups, s'il est résulté de ces actes de violence une maladie ou incapacité de travail personnel pendant plus de vingt jours.

Si les coups portés, ou les blessures faites volontairement, mais sans intention de donner la mort, l'ont pourtant occasionnée, le coupable sera puni de la peine de travaux forcés à temps (Art. 309 C. p.).

Le caractère aggravant des blessures et coups volontaires, consiste dans l'*impossibilité de travail* personnel pendant plus de vingt jours.

La réalité de ce fait ne pourrait résulter que du temps, si les mesures urgentes que les circonstances peuvent commander de prendre, n'indiquaient pas un moyen plus prompt pour s'assurer de l'état véritable de la personne blessée.

Ainsi, la réquisition de l'homme de l'art doit avoir lieu le plus promptement possible (voir modèle no 47).

79. Les blessures graves à la suite d'*un duel* commandent de la part de l'officier de police auxiliaire les mêmes précautions.

Les blessures graves à la suite du duel, sont comprises dans les termes généraux de l'article 309 du Code pénal (Jurisprudence de la Cour de cassation).

La justice de la cause qu'on a à défendre, la réhabilitation ou la vengeance de l'honneur offensé, ne doivent plus être confiées au sort des armes. Ce préjugé barbare choque trop vivement nos mœurs sociales, notre civilisation et son esprit de progrès.

Un procès verbal exact et fidèle sera dressé par l'officier de police auxiliaire ; il contiendra les formalités ordinaires, la prestation du serment de l'homme de l'art, la description des pièces de conviction (Voir les modèles nos 47, 48).

Si le coupable est connu, les mesures qu'on croira convenables seront prises contre sa personne ; les recherches et perquisitions utiles seront faites (Voir mesures générales nos 45 (bis), 46 (bis) et suivants).

Dans la pratique, il arrive quelquefois que les maires, à la première connaissance de blessures et coups volontaires, s'empressent de réclamer le transport de la justice. L'état de la personne blessée paraît souvent grave à la première vue, mais bientôt cet état perd de sa gravité ; aussi devons-nous recommander aux officiers auxiliaires de s'éclairer de suite par un rapport de médecin, si cette mesure est facilement mise à leur disposition ; le rapport du médecin et autres pièces d'instruction seront immédiatement transmis au procureur du roi, qui prendra ultérieurement les mesures qu'il jugera convenables.

80. INCENDIE.

Quiconque aura mis le feu volontairement à des édifices, navires, bâteaux, magasins, chantiers, à des forêts, bois taillis ou récoltes sur pied, à des bois ou récoltes abattues, soit que les bois soient en tas ou en cordes, et les récoltes en tas ou en meules;

Celui qui, en mettant le feu à l'un des objets énumérés dans le paragraphe précédent, et à lui-même appartenant, aura volontairement causé un préjudice quelconque à autrui, sera puni, etc..... (Dispositions de l'art. 434 Code p.).

Il faut, pour découvrir l'auteur de ce crime, beaucoup d'activité, d'intelligence et de soin de la part de l'officier de police judiciaire.

« Si de tels attentats restent fréquemment impunis, on doit l'attribuer à l'inexactitude et à *la lenteur des premières recherches*; on ne saurait donc s'y livrer avec trop de zèle et de scrupule. Après avoir constaté l'état des bâtiments incendiés, c'est à l'instant même qu'il faut entendre les propriétaires, les locataires et les voisins, rapporter les menaces qui ont été proférées, s'informer du jour, de l'heure de l'incendie, l'endroit où il a commencé, indiquer les matières combustibles dont on s'est servi, faire immédiatement des perquisitions si le coupable est soupçonné. » (Circul. de 1827 de M. le procureur-général de Riom.)

(Voir règles nos 45 (bis), 46 (bis) et suivants).

(Modèles 47, 48, 51, 52, 57, 63, 64, 66, 68, 70, 71, 74, 75).

81. VOL AVEC EFFRACTION.

Est qualifié effraction tout forcement, rupture, dégradation, démolition, enlèvement de murs, toits, planchers, portes, fenêtres, serrures, cadenas ou autres ustensiles ou instruments servant à fermer ou à empêcher le passage, et de toute espèce de clôture quelle qu'elle soit (Art. 393 Code p.).

Les effractions sont extérieures ou intérieures (art. 394).

Les effractions extérieures sont celles à l'aide desquelles

on peut s'introduire dans les maisons, cours, basses-cours, enclos ou dépendances, ou dans les appartements ou logements particuliers (Art 395).

Les effractions intérieures sont celles qui, après l'introduction dans les lieux mentionnés en l'article précédent, sont faites aux portes ou clôtures du dedans, ainsi qu'aux armoires et autres meubles fermés. Est compris dans la classe des effractions intérieures le simple enlèvement des caisses, boîtes, ballots sous-toile et corde, et autres meubles fermés qui contiennent des effets quelconques, bien que l'effraction n'ait pas été faite sur le lieu (Art. 396).

L'effraction constitue une circonstance aggravante du vol; l'effraction mérite d'être promptement constatée; *elle peut changer ou s'effacer.*

L'état en doit être fidèlement décrit.

Les instruments qui ont servi à commettre cet acte audacieux, se trouvent plus facilement dans un temps moins éloigné du vol. Cette pièce de conviction peut mettre souvent sur la voie du coupable. Si le coupable est connu ou gravement soupçonné, l'officier auxiliaire procédera aux perquisitions domiciliaires qui paraîtraient utiles pour arriver à la découverte des objets volés.

(Voir règles nos 45 (bis), 46 (bis) et suiv.)

(Modèles nos 47, 48, 51, 52, 57, 63, 64, 66, 68, 70, 71, 74, 75.)

82. VOL AVEC ESCALADE.

Est qualifiée escalade toute entrée dans les maisons, bâtiments, cours, basses-cours, édifices quelconques, jardins, parcs et enclos, exécutée par-dessus les murs, portes, toitures ou toute autre clôture.

L'entrée par une ouverture souterraine, autre que celle qui a été établie pour servir d'entrée, est une circonstance de la même nature que l'escalade (art. 397).

L'escalade est souvent employée pour commettre des vols dans l'intérieur des habitations ou dans leurs dépendances; les traces que peut laisser le fait d'escalade fournissent quelquefois des données précieuses pour découvrir l'auteur du crime.

L'officier auxiliaire se transportera sur les lieux, vérifiera les moyens par lesquels l'escalade a pu s'opérer; il indiquera les moyens qui ont servi à ces fins, si ces objets sont restés à l'endroit par où le coupable s'est introduit.

Les dégradations sur les murs seront examinées.

La hardiesse avec laquelle cette action a été commise ne doit pas échapper à l'attention de l'officier de police; elle peut fixer souvent sur le caractère hardi et entreprenant de l'individu soupçonné, et dont la profession pourrait également venir en aide.

Les empreintes de pas, s'il en existe sur la terre, doivent être attentivement conservées, jusqu'à ce que l'application sur ces empreintes ait été faite des souliers ou sabots appartenant à l'individu soupçonné.

En général, cette opération est sage toutes les fois que l'état des lieux permet de la pratiquer avec sûreté.

Procès verbal d'après ces documents sera dressé, les perquisitions domiciliaires jugées nécessaires également opérées.

(Voir règles n°s 45 (bis), 46 (bis) et suiv.)

(Modèles n°s 47, 48, 51, 52, 57, 63, 64, 66, 68, 70, 71, 74, 75.)

83. VOL A L'AIDE DE FAUSSES CLEFS.

Sont qualifiées fausses clefs tous crochets, rossignols, passe-partout, clefs imitées, contrefaites, altérées ou qui n'ont pas été destinées par le propriétaire, locataire, aubergiste ou logeur, aux serrures, cadenas ou aux fermetures quelconques auxquelles le coupable les aura employées (Art. 398).

L'état des serrures, qui est ordinairement intact, permet difficilement de signaler le genre d'instrument qui a été employé à commettre le vol. Mais, pour s'assurer de ce fait, l'officier de police auxiliaire peut se faire assister d'un homme d'état à ce connaissant. *Dans le cours des instructions, il a d'ailleurs toujours le droit* d'appeler à son procès verbal tout individu dont la profession pourrait lui servir de lumière.

(Voir règles nos 45 (bis), 46 (bis) et suiv.)

(Modèles nos 47, 48, 51, 52, 57, 63, 64, 66, 68, 70, 71, 74, 75.)

§ VI.

DE LA LEVÉE DES CADAVRES.

84. Si une personne morte se trouve gisant sur le territoire d'une commune, mais à la *suite d'un événement connu*, l'opération pour la levée du corps est de la compétence de *la police administrative*.

Le cadavre de la personne morte par accident sera inhumé aux frais de la commune, s'il n'est pas réclamé par sa famille.

Les frais d'inhumation des condamnés et *de tous cadavres* trouvés sur la voie publique, ou dans quelqu'autre lieu que ce soit, sont également à la charge des communes, aux termes de l'article 26 du décret du 23 prairial an XII, lorsque toutefois les cadavres ne sont pas réclamés par les familles, et sauf le recours des communes contre les héritiers (Art. 3, règlement du 18 juin 1811).

Les maires ou adjoints, en leur qualité d'officiers de police judiciaire, doivent simplement donner connaissance de cet événement au procureur du roi. Ils doivent en agir toujours ainsi, aux termes des instructions, lorsqu'il arrive, dans les communes, *des sinistres ou des événements extraordinaires.*

85. *La compétence* des officiers auxiliaires de justice commence lorsque les causes de la mort de la personne trouvée sur le territoire de la commune sont inconnues.

Alors, le caractère du flagrant délit se retrouve par la seule circonstance que le corps du délit est présent, quelle que soit d'ailleurs la date apparente de la mort de l'individu.

L'officier auxiliaire de police judiciaire doit donc activement commencer ses investigations.

86. La première opération consiste à s'assurer des moyens d'établir l'identité de la personne morte ; cette mesure sera toujours facile et prompte, si l'on présume que le cadavre trouvé est celui d'un habitant de la commune.

Une seconde opération non moins importante et *toujours rigoureusement* commandée dans un cas semblable, consiste dans la prompte réquisition à faire des hommes de l'art, à l'effet de procéder à l'examen extérieur du corps et à l'autopsie cadavérique (Voir modèle n° 47).

Car l'état intérieur du cadavre peut laisser supposer que la personne trouvée morte a été victime d'une mort violente ; et en l'absence de tous renseignements, les inductions à tirer de la vue du cadavre, prendront une consistance d'autant plus réelle, que les conclusions de l'homme de l'art concourront à établir, avec les lésions extérieures, que la mort de l'individu ne peut être que le produit d'un meurtre.

Plusieurs autres circonstances peuvent fortifier cette supputation. Ainsi, le lieu où le cadavre a été trouvé, éloigné de tout précipice, l'absence de tous objets dont il aurait pu se servir pour se donner la mort, et sa position à terre, peuvent également éloigner toute idée de mort accidentelle ou de suicide.

Les graves présomptions qui naîtraient de ces circonstances diverses doivent déterminer, de la part de l'officier auxiliaire, une marche active et prompte dans l'exercice de son action.

L'officier auxiliaire qui, prudemment, se serait assuré des causes probables de la mort de la personne trouvée sur le territoire de la commune, avant d'annoncer cet événement au procureur du roi, doit, lorsque ses pressentiments sinistres sont raffermis, en prévenir sans délai ce magistrat (Voir règle n° 45).

Si la personne dont le cadavre a été trouvé était domiciliée dans la commune, l'officier auxiliaire se transportera, sans retard, à son domicile; il s'informera de l'époque de sa disparition; il recueillera attentivement les soupçons qui seraient émis sur la cause probable de la mort, et qui tendraient à mettre sur les traces de l'auteur du crime.

Enfin, les circonstances seules peuvent indiquer, à l'officier de justice, le choix des mesures à prendre.

(Voir règles n°s 45 (bis), 46 (bis) et suivants.)

(Modèles n°s 47, 48, 51, 52, 57, 63, 64, 66, 68, 70, 71, 74, 75.)

§ VII.

DE LA JURIDICTION, COMME JUGES DE POLICE,

DES MAIRES ET ADJOINTS DES COMMUNES QUI NE SONT PAS CHEFS-LIEUX DE CANTON.

87. La résidence ordinaire du juge de paix au chef-lieu de canton, s'opposait à la création d'un second siége dans une commune déjà pourvue d'une juridiction qui connaît, en général, des contraventions de police. Aussi, les attributions du juge, conférées par le Code d'instruction criminelle, sont-elles exclusivement attribuées aux maires et adjoints des communes qui ne sont pas chefs-lieux de canton.

88. La juridiction de ce tribunal, d'ailleurs spéciale pour les cas énumérés dans l'article 166 du Code d'instruction, est rarement mise en pratique, et il est généralement d'usage que les procès verbaux constatant les contraventions sont adressés *au maire du chef-lieu du*

canton, chargé par la loi d'en poursuivre la répression pardevant le tribunal de paix (1).

Sans doute, les formes judiciaires qui sont dans les habitudes d'un petit nombre de personnes, peuvent avec raison déterminer les maires et adjoints à ne pas faire usage d'un pouvoir facultatif; mais nous ne devons pas moins fixer l'attention de ces fonctionnaires sur un droit de juridiction qui leur appartient, et qui, dans ses formes, dispense les justiciables de toute avance de frais pour obtenir prompte justice.

Les maires des communes non chefs-lieux de canton connaîtront, *concurremment avec les juges de paix*, des contraventions commises dans l'étendue de leur commune, par les personnes prises *en flagrant délit ou par des per-*

(1) La loi qualifie contraventions les faits qui peuvent donner lieu, soit *à* 15 *fr. d'amende* et au-dessous, soit *à cinq jours d'emprisonnement* et au-dessous. Les faits qui donnent lieu à ces peines sont prévus au liv. IV du Code pénal, art. 471 et suivants.

Le mode à suivre pour verbaliser, recevoir les plaintes, est le même que pour les délits en général, sauf les modifications suivant la gravité des faits (Voir modèles nos 34 (bis), 38.)

L'art. 11 du Code d'instruction criminelle ajoute : Ils recevront (les maires et adjoints) *les rapports*. Cela doit s'entendre des rapports faits par un garde champêtre d'une commune.

99. MODELE D'UN PROCÈS VERBAL DE RAPPORT.

L'an le heure de pardevant nous, maire ou adjoint de la commune de canton de département de

Est comparu Guillaume B...., garde champêtre de cette commune, lequel nous a fait le rapport qu'aujourd'hui, faisant sa tournée pour la conservation des propriétés confiées à sa garde, et passant par le terroir de cette commune, appelé....., il a trouvé des moutons appartenant au nommé Pierre C...., cultivateur en cette commune, qui pacageaient dans une terre semée de blé et appartenant à Jacques D...., propriétaire dans cette commune, lequel dommage il a estimé 15 fr. (*ou au dessous*).

sonnes qui résident dans la commune, ou qui y sont présentes, lorsque les *témoins* y seront aussi *résidants* ou *présents*, et lorsque la partie réclamante conclura, pour ses dommages et intérêts, à une *somme déterminée* qui n'excèdera pas celle de *quinze francs*.

Ils ne pourront jamais connaître des contraventions attribuées exclusivement aux juges de paix par l'art. 139, ni d'aucunes des matières dont la connaissance est attribuée aux juges de paix, considérés comme juges civils (art. 166 Code d'inst.).

89. Le ministère public sera exercé auprès du maire, dans les matières de police, *par l'adjoint*. En l'absence de l'adjoint, ou lorsque l'*adjoint remplacera le maire comme juge de police*, le ministère public sera exercé par un membre du *Conseil municipal*, qui sera désigné à cet effet par *le procureur du roi* pour une année entière (art. 167).

90. Les fonctions de greffier des maires dans les af-

(Pour une contravention d'une autre espèce, dire, par exemple : Lequel garde champêtre, passant par le chemin appelé..... en cette commune, allant à. . . . . , a constaté une empiétation, sur la largeur dudit chemin, de mètres, faite par le nommé Pierre R. . . . propriétaire, confinant ledit chemin à l'aspect de . . . .)

Nous avons, en conséquence, donné acte audit garde champêtre du présent rapport dont nous lui avons donné lecture, et qu'il a signé avec nous. *Signature.*

Les procès verbaux des contraventions peuvent être écrits sur papier ordinaire, mais ils doivent être soumis à l'enregistrement pour être visés et enregistrés *en debet*.

Une circulaire du ministre de la justice, du 24 septembre 1823, sur l'exception du timbre et enregistrement, se fondant sur les art. 68 et 70 de la loi du 22 frimaire an 7, porte que les règles d'exemption d'enregistrement ne concernent que *les délits communs*, et ne s'appliquent pas aux cas prévus par les lois *spéciales*, *ni aux contraventions*.

faires de police, seront exercées *par un citoyen que le maire proposera*, et qui prêtera serment en cette qualité au tribunal de police correctionnelle. Il recevra, pour ses expéditions, les émoluments attribués au greffier du juge de paix (art. 168 et 47 du décret de 1811).

(*Voir tarif des frais crim. ou décret du* 18 *juin* 1811, *chap.* 5, *art.* 42 *et suivants.*)

91. Le *ministère d'huissier* ne sera pas nécessaire pour les citations aux parties ; elles pourront être faites *par un avertissement du maire* (*écrit*), qui annoncera au défendeur le fait dont il est inculpé, le jour et l'heure où il doit se présenter (art. 169).

Il en sera de même des citations aux témoins ; elles pourront être faites par un avertissement (*écrit*) qui indiquera le *moment* où leur déposition sera reçue (article 170).

92. Le maire donnera son audience *dans la maison commune ;* il entendra publiquement les parties et les témoins. — Seront, au surplus, observées les dispositions des articles 149, 150, 151, 153, 154, 155, 156, 157, 158, 159 et 160, concernant l'instruction et les jugements au tribunal du juge de paix (art. 171).

93. MODÈLE DE JUGEMENT DU TRIBUNAL DE SIMPLE POLICE (1).

Louis-Philippe, roi des Français, à tous présents et à venir, salut :

(1) Nous empruntons du formulaire Rogron le texte des modèles des jugements qui nous ont paru infiniment clairs et d'une rédaction exacte; en les conformant à notre sujet, ils en remplissent le but.

Le tribunal de simple police de la commune de a rendu le jugement suivant ;

Entre le sieur demandeur aux fins de notre avertissement tendant à d'une part ;

Et le sieur dûment averti, d'autre part.

(Si la contravention est poursuivie à la requête du ministère public, on met à la place du nom des parties ci-dessus indiquées :)

A rendu le jugement suivant contre le nommé prévenu.

La cause appelée, il a été fait lecture, par le greffier et en présence des parties *ou du prévenu*, d'un procès verbal en date de enregistré le dressé par *ou fait sur le rapport du garde champêtre* de la commune de lequel rapport reçu par et duquel il résulte que le sieur *(indiquer le nom et le domicile du prévenu)* a commis le *(rappeler la contravention constatée avec toutes ses circonstances.)*

Le sieur demandeur ou son fondé de pouvoirs ;

Ou le sieur *adjoint*, ou le sieur *membre du conseil municipal*, délégué conformément à l'art. 167 du Code d'instruction criminelle, remplissant les fonctions du ministère public, a exposé qu'il a fait citer à sa requête le sieur *(nom du prévenu)* pardevant nous, à l'audience de ce jour, par avertissement en date de comme prévenu d'avoir *(rappeler la contravention)*.

Le sieur demandeur, a conclu à ce que ledit sieur défendeur, soit condamné à lui payer la somme de pour réparation du préjudice dont il se plaint.

(S'il y avait des témoins cités, dire) : Le sieur demandeur, *Ou le ministère public*, a dit avoir fait avertir des témoins à sa requête pour prouver les faits imputés au sieur prévenu, et a conclu à ce qu'ils soient entendus.

Le sieur prévenu, a dit *(rappeler ses dires s'il a fait paraître des témoins, l'énoncer aussi)*.

Faisant droit aux conclusions prises par et après avoir communiqué à tous les témoins réunis les faits sur lesquels ils avaient à déposer, il a été procédé à l'audition de chacun d'eux séparément, et ainsi qu'il suit :

TÉMOINS DE L'ENQUÊTE.

Le sieur *(noms, prénoms, âge, profession et demeure*

du témoin entendu ; *énoncer s'il est parent ou allié des parties et à quel degré).*

Après avoir prêté serment de dire toute la vérité, rien que la vérité, a dit *(rappeler les principales circonstances de sa déposition).*

(La même marche est suivie pour l'audition des autres témoins.)

TÉMOINS DE LA CONTRE-ENQUÊTE.

(La marche pour en constater le résultat est la même que dans l'enquête précédente.)

Le ministère public a résumé l'affaire, et a conclu à l'application de la peine.

Le sieur   prévenu, a observé.....

QUESTION.

Le sieur   a-t-il commis la contravention dont il est prévenu ?

Les conclusions du demandeur sont-elles fondées, et doivent-elles lui être adjugées ?

DISPOSITIF.

Le tribunal jugeant en dernier ressort, après avoir entendu le prévenu dans ses défenses, les dépositions des témoins, la partie civile, et le ministère public, dans leurs conclusions ;

Vu le procès verbal ci-dessus relaté.

(Nous devons observer ici que les procès verbaux des fonctionnaires chargés de constater les contraventions prévues par le Code pénal, font foi jusqu'à preuve contraire. Ainsi, si des témoins n'étaient pas cités à l'appui ou contre le contenu du procès verbal, il suffirait de dire en supprimant l'énoncé de l'enquête et contre-enquête :

Le tribunal, après avoir entendu le prévenu dans ses défenses, le ministère public dans ses conclusions *(s'il n'y avait pas de partie civile);*

Attendu qu'il résulte de l'ensemble des dépositions *(s'il y a enquête, en dire le résumé)*, ou attendu qu'il résulte du contenu du procès verbal *(énoncer le fait).*

Attendu que cette contravention a causé au demandeur le préjudice dont il se plaint ;

Ou attendu que ce fait rentre dans les cas prévus par l'art...... du Code pénal *(si le ministère public seul est intéressé)* ;

Vu les articles du Code pénal, ainsi conçus *(les transcrire)* :

Sans s'arrêter ni avoir égard au moyen du sieur prévenu ;

Le condamne en *(prononcé de la peine, amende ou emprisonnement)*, et en tous les frais liquidés à la somme de et faisant droit aux conclusions prises par le sieur demandeur, condamne également le sieur prévenu, à payer audit sieur la somme de pour réparation civile.

(Si le prévenu est absous, on met seulement) : Renvoie ledit sieur de l'action dirigée contre lui, avec dépens.

Fait, jugé et prononcé à l'audience publique du tribunal de simple police de la commune de tenue par M. maire de assisté du sieur greffier du tribunal le du mois de de l'an

Signature.

Mandons et ordonnons à tous huissiers, sur ce requis, de mettre le présent jugement à exécution; à nos procureurs généraux et à nos procureurs près les tribunaux de première instance d'y tenir la main; à tous commandants et officiers de la force publique de prêter main-forte lorsqu'ils en seront légalement requis.

94. MODÈLE DE JUGEMENT PAR DÉFAUT DU TRIBUNAL DE SIMPLE POLICE.

Louis-Philippe, roi des Français, à tous présents et à venir, salut.

Le tribunal de simple police de la commune de a rendu le jugement suivant :

Entre le sieur demandeur aux fins de l'avertissement en date d tendant à d'une part ;

Et le sieur dûment averti (1), d'autre part.

(Si le ministère public est seul intéressé, supprimer les deux énonciations précédentes.)

La cause appelée, et le défendeur ne comparaissant, *ou le pré-*

(1) Le Code ne s'explique pas sur le mode de transmission de l'avertissement au prévenu et aux témoins. Nous avons vu au n° 8 que les agents de la force publique, un garde champêtre, par exemple, en vertu de l'art. 72 du décret du 18 juin 1811, pouvait être chargé de *significa-*

venu, ni personne pour lui (*s'il y a partie civile*) et le demandeur ayant requis défaut ;

Ouï M. adjoint ou membre du Conseil municipal, délégué conformément à l'art. 167 du Code d'instruction, remplissant les fonctions du ministère public en ses conclusions ;

Le tribunal donne défaut, et pour le profit, attendu que (*énoncer les circonstances de la contravention*)

Condamne le sieur défaillant, à (*énoncer la peine*), vu les articles du Code pénal (*transcrire*), et aux dépens liquidés à la somme de y compris le coût de la signification du présent jugement.

Fait et jugé à (*la suite comme au modèle n° 93.*)

95. MODÈLE DE RÉQUISITOIRE POUR L'EXÉCUTION D'UN JUGEMENT DE POLICE.

Nous, maire ou adjoint, ou membre du Conseil municipal, délégué conformément à l'art. 167 du Code d'instruction criminelle, de la commune de exerçant les fonctions du ministère public près ledit tribunal de police de ladite commune ;

En vertu du jugement de ce tribunal, en date du lequel condamne le *nommé* *âgé de* *profession de* *demeurant à* *à un emprisonnement de* *jours ;*

Requérons tous huissiers ou agents de la force publique, de conduire et écrouer ledit nommé dans la prison de cette commune, ou dans la prison du chef-lieu de canton, ou dans celle de l'arrondissement, sise à

Mandons et ordonnons au gardien de ladite prison de recevoir et garder ledit pendant le temps déterminé par le jugement ci-dessus énoncé, et en vertu de l'art. 197 du Code d'instruct.,

Requérons tous dépositaires de la force publique de prêter main-forte en cas de besoin pour l'exécution du présent.

Fait à le

Sceau. *Signature.*

tion d'actes par les officiers de justice. Par application de ce principe au cas indiqué, nous estimons que la remise de l'avertissement certifiée par cet agent, doit remplir le but que se propose la loi, et donner une forme légale au prononcé du jugement de défaut.

Ce modèle est fondé sur les dispositions de l'art. 197 du Code d'instruction criminelle, qui s'expriment ainsi :

96. Le jugement sera exécuté à la requête du procureur du roi (*ou de l'officier du ministère public qui représente légalement ce magistrat*) et de la partie civile, chacun en ce qui le concerne. — Néanmoins, les poursuites pour le recouvrement des amendes et confiscation seront faites, au nom du procureur du roi, par le directeur de la régie des droits d'enregistrement et des domaines.

Afin d'arriver au recouvrement des frais et amendes, l'art. 164 du décret du 18 juin 1811 prescrit au greffier de remettre dans le plus court délai, au préposé de l'administration de l'enregistrement (*dans notre espèce, c'est le receveur d'enregistrement du canton*), chargé du recouvrement, un extrait du jugement prononçant l'amende et la condamnation aux frais, dans le cours du trimestre pendant lequel la condamnation a été prononcée.

97. L'article 178 du Code d'instruction criminelle veut qu'au commencement de chaque trimestre, les juges de paix *et les maires* transmettent au *procureur du roi* l'extrait des jugements de police qui auront été rendus dans le trimestre précédent, et qui auront prononcé la peine d'emprisonnement. Cet extrait sera délivré sans frais par le greffier.

L'exécution du jugement portant peine d'emprisonnement, doit être ordonnée dans le courant du trimestre du prononcé.

Si, pendant le trimestre écoulé, il n'y a pas eu de jugements portant peine d'emprisonnement, le juge de police transmettra au procureur du roi un certificat négatif

98. MODÈLE DE CERTIFICAT NÉGATIF.

Nous, maire ou adjoint de la commune de canton de

Certifions que pendant le trimestre dernier, il n'a été rendu par le tribunal de simple police de cette commune, aucun jugement portant peine d'emprisonnement.

En foi de quoi, nous avons délivré le présent certificat pour être transmis à M. le procureur du roi, conformément à l'art. 178 du Code d'instruction criminelle.

Fait à le

Signature.

99. La loi qualifie contraventions les faits qui peuvent donner lieu soit *à quinze francs d'amende* et au-dessous, soit *à cinq jours d'emprisonnement* et au-dessous. Les faits qui donnent lieu à ces peines sont prévus au livre IV du Code pénal, art. 471 et suivants. (Voir la note n° 88 et le n° 99 ci-avant).

CONCLUSION.

100. Notre cadre est rempli; sa dimension a dû se renfermer dans des proportions conformes à notre but. Nous voudrions pouvoir obtenir les résultats moraux que nous nous sommes proposés; car nous estimons que l'action pratique que nous avons voulu diriger, restera nécessairement toujours sans force et inerte, si elle n'est vivifiée par la puissance morale du fonctionnaire qui comprend sa dignité. Cette règle commande à tout, et rien n'est en progrès, si l'homme n'a pas l'intelligence de son action légale.

Nous disons que le sentiment des devoirs à remplir est d'autant plus difficile à comprendre, que la nature de ces devoirs n'est pas la même. L'ordre des fonctionnaires dont il s'agit renferme cette différence dans les pouvoirs qu'ils tiennent de la loi, raison puissante, par conséquent, pour légitimer les instructions qui tendent à éclairer ces fonctionnaires sur leurs devoirs divers.

Le temps serait stérile si son espace n'était pas rempli par des faits qu'élabore l'esprit humain, et que l'intelligence de l'homme applique à son profit. Alors, il n'est pas inutile d'analyser des règles qui découlent de principes salutaires au bon ordre des intérêts sociaux, nous occupant peu du nombre plus ou moins grand de ceux qui voudront profiter de ce travail; pour nous, c'est une œuvre de bien accomplie.

Enfin, nous invoquons tous les attributs inhérents à cette magistrature qui paraît de jour en jour moins comprise. La cause de ce relâchement mérite toute l'attention du législateur. Cette institution patriotique laisse cependant un vaste cours aux inspirations sages et généreuses de l'homme dévoué aux intérêts de son pays et au bien-être de ses concitoyens, qu'une bonne administration communale facilite heureusement; et comme seconde preuve de l'action directe de cette magistrature sur le corps social, il nous suffit de joindre aux caractères publics que nous lui avons donnés dans l'ordre criminel, cet autre caractère non moins élevé qui réserve au magistrat civil le droit de constituer la famille par l'acte de mariage, de présider à la filiation de l'homme par l'acte de naissance, et de dresser à sa mort l'acte qui donne à l'héritier la possession des biens que les liens du sang ou d'affection lui transmettent.

ADDITION.

Il faut ajouter aux articles 291 et 292 du Code pénal, rapportés à la page 14, l'article 1er de la loi du 10 avril 1834, ainsi conçu :

« Les dispositions de l'art. 291 du Code pénal, sont applicables aux associations de plus de vingt personnes, alors même que ces associations seraient partagées en sections d'un nombre moindre, et qu'elles ne se réuniraient pas tous les jours ou à des jours marqués. — L'autorisation donnée par le gouvernement est toujours révocable. »

ERRATA.

Page 10, ligne 14, lire : Selon que *ces* fonctionnaires agissent administrativement.

Page 36, ligne 11, lire : La réquisition d'un chef de maison assimile l'action à celle *du* flagrant délit.

Page 39, ligne 26, lire : Ou qui est encore munie *du* corps du délit.

Page 40, ligne 29, lire : Tout procès verbal de plainte constatant un crime ou un délit.

Page 41, ligne 9, lire : Les faits de la plainte n'ayant pas le caractère *de* flagrant délit.

Page 47, ligne 13, lire : Moyen de *la* faire signifier à la personne requise.

Page 49, ligne 19, lire : Si l'examen de la personne homicidée, par les hommes de l'art, paraissait devoir promptement s'opérer.

Page 50, ligne 32, lire : De procéder en son honneur et conscience à *l*'opération qui lui est confiée.

TABLE
RÉSUMÉE DES MATIÈRES.

§ I.

Observations préliminaires.

§ II.

De la police administrative ou préventive.

§ III.

Des maires et adjoints considérés comme officiers de police judiciaire auxiliaire du procureur du roi.

§ IV.

Des principes généraux concernant l'exercice de l'action publique judiciaire criminelle.

§ V.

De l'application pratique des règles de l'instruction criminelle. — Flagrants délits.

§ VI.

De la levée des cadavres.

§ VII.

De la juridiction comme juges de police, des maires et adjoints de communes qui ne sont pas chefs-lieux de canton.

Riom. -- Imprimerie de E. Leboyer.

www.ingramcontent.com/pod-product-compliance
Ingram Content Group UK Ltd.
Pitfield, Milton Keynes, MK11 3LW, UK
UKHW021229230726
13926UKWH00003B/1319

9 782014 078510